Наследница старца Зосимы

Записано
Анной Зубковой

Под редакцией
Владимира Антонова

New Atlanteans
2020

ISBN 978-1-927978-60-3

Здесь — рассказанная Божественным Учителем Нгомо — история жизни Зоси, ученицы старца Зосимы. Повествование наполнено тем знанием, которое было получено от старца Зосимы самóй Зосей и послушником Николаем — позже, в монашестве, о. Александром.

В повествование включены отрывки из дневниковых записей о. Александра, беседы Зоси с Зосимой и записи из тетради старца, подаренной о. Александром — Зосе перед её отъездом в столицу для обучения медицине.

Наследница старца Зосимы / А.Б.Зубкова, под ред. В.В.Антонова, "New Atlanteans", Банкрофт, 2020. – 262 с.

Знак информационной продукции — 12+

ISBN 978-1-927978-60-3 © Зубкова А.Б., 2020.
© Антонов В.В., 2020.

Содержание

ОТЪЕЗД В СТОЛИЦУ 5
ЭКЗАМЕН 18
ПРИМИРЕНИЕ ВИКТОРА С СЕМЬЁЙ 34
НА МОРСКОМ БЕРЕГУ 44
СТАРЕЦ ЗОСИМА ОБ ИСКУССТВЕ ИСЦЕЛЕНИЯ 54
ПРАКТИКА В КЛИНИКЕ 68
ОТВЕТСТВЕННОСТЬ ПРЕД БОГОМ 80
ОЛЬГА 94
ЧЕТВЕРО ДРУЗЕЙ 109
ТИШИНА 122
ТЁМНАЯ ТЕНЬ 132
ПОЕЗДКА НА ЗАЛИВ 145
О «ПРАВИЛАХ», ОБРЯДАХ — И О ЛЮБВИ 161
ДЕНЬ СТАРЦА ЗОСИМЫ 169
О. АЛЕКСАНДР — О ЦЕЛИТЕЛЬСТВЕ 188
НЕДОЛГОЕ СЧАСТЬЕ ЗЕМНОЕ 200
ВОЙНА 209
ПИСЬМА 221
ТАМ, ГДЕ ЖИЗНЬ ВЕЧНАЯ 239
РЕКОМЕНДУЕМАЯ ЛИТЕРАТУРА 256

www.swami-center.org
www.new-ecopsychology.org

Когда уходит из этого мира тот, кто познал Бога, — что остаётся после?

Кто наследует его Мудрость и Любовь?

Кто принимает на себя его труд по служению Богу и людям?

Есть ли наследники?

Из дневника о. Александра

Отъезд в столицу

Колокольный звон оповещал верующих, что служба началась. Переливы прекрасных звуков лились над рекой, над маленьким уездным городком и затихали где-то в небесной дали… А *благовест*[1] не стихал…

Даже когда звуки колокола растают в тишине, *благая весть* о том, что есть Бог, что Он сейчас здесь, что Его Любовь призывает каждого человека на Земле к любви, — продолжит звучать!

---

[1] Колокольный звон в один колокол перед началом православной церковной службы на Руси.

Только не все слышат...

Зося стояла на высоком холме над рекой и слушала колокольную песню. Она привычно погрузилась *в тишину:* в те сердечные тишину и теплоту, которые соединяет мир человека и Мир Божий. Старец Зосима многому успел её научить...

Она приняла решение ехать в столицу и поступать учиться, чтобы стать врачом. Недавно открылся в Санкт-Петербурге Женский медицинский институт, появилась возможность женщинам получить диплом врача.

Решение это далось ей не просто. Год назад умер её отец[2], *доктор Фёдор,* как звали его все жители городка без исключения, потому что не было того, кто бы не слышал об удивительном докторе, который много лет руководил бесплатной больницей.

Её мама, Надежда, с трудом согласилась с таким решением дочери, но, в итоге, решилась-таки отпустить свою ненаглядную Зосеньку, хоть и не представляла, как сможет сама жить, не видя каждый день её сияющее лаской и радостью лицо. Согласилась — несмотря на то, что все сложности по органи-

---

[2] [25]

зации работы больницы ложились теперь на её хрупкие плечи.

* * *

Зося шла в монастырь к о. Александру, чтобы сказать о своём решении и проститься. О. Александр, которого прежде в миру звали Николаем, был учеником старца Зосимы.

Служба в храме закончилась. Народ расходился.

Зося с интересом наблюдала за лицами людей.

Вот — человек сияет радостью, глаза светятся, сердце полнится — значит случилось прикосновение Господа к душе!

Вот — идут болтушки, озабоченные, прежде всего, темами еды и нарядов. Видно, что накопились и переполнили их умы мысли пустые, сдерживавшиеся лишь слегка во время службы.

Вот — идут чиновники в мундирах и зажиточные горожане в чёрных сюртуках, о политике разговоры ведут.

Вот — у храма нищие-попрошайки пересчитывают подаренные им копейки…

С Зосей очень многие люди здоровались. Она прежде была частым гостем в келии старца Зосимы, а потом и о. Александра навещала, да и в больнице многие бывали, а уж там Зося почти всё своё время проводила в трудах.

«Здравия Вам, Софья Фёдоровна! И маме Вашей — тоже здоровья!», — звучали приветствия. Зося отвечала, стараясь одаривать сердечным теплом и вниманием каждого. Она уже привыкла к такому уважительному к ней обращению по имени и отчеству, работая в больнице.

Храм опустел. Зося долго стояла одна: просила Бога благословить решение её, просила поддержать маму свою. Пыталась сердцем почувствовать ответ Божий: есть ли на то Его Одобрение?...

Затем она вошла в маленькую келию, где прежде жил и принимал посетителей старец Зосима, а теперь трудился так же, по милости Божией, о. Александр.

Ученик старца Зосимы был ещё не стар: седина лишь чуть-чуть посеребрила виски, и в аккуратно подстриженной бороде проглядывали седые волосы. Он был подтянут, широкоплеч, и его внешность весьма удивляла приходивших к нему за советом и исцелением посетителей... Только глаза и улыбка за последние годы стали совсем такими, как у старца Зосимы: по-особому глубокими, прозрачными для Света Божьего и бесконечно добрыми.

О. Александр встретил Зосю словами:

— Ну что, Зосенька, решилась учиться ехать?

— Решилась!

— Правильно! Не бойся: всё получится у тебя!

— Да я только за маму опасаюсь немного, тяжко ей без отца, да и в больнице дел невпроворот...

— Вот сии дела и помогут ей о печалях земных не печалиться! Пусть ко мне заходит почаще, рад буду!

... Зося и о. Александр беседовали о многом. Он был ей и другом, и духовным наставником — с детских лет.

— Не знаю, как без твоих советов справляться стану...

— С Божьей Помощью! — ответил о. Александр.

... Потом, загадочно улыбаясь, он протянул Зосе две тетради. Одна из них была с тоненькой и сильно истёртой обложкой. Зося знала, что это были записи старца Зосимы.

А вторую весьма солидную книжицу она видела впервые.

— Это — мои дневниковые записи, Зося. О Зосиме всё, что помнил, — писал сюда. Мысли о Пути к Господу — тоже записывал. Пусть у тебя будет! А я — новую тетрадь начну.

— А может, издать всё это как книгу? Посижу во время свободное, напечатаю на машинке печатной — и снесу в издательство какое в столице?

— Отпечатать это — на благо! Может быть, не всё, выбери главное, что людям знать надобно. Пока ещё не благословил Зосима издавать книгу, но сказал, что придёт такое время. А тебе отдать дневники сии — благословил!

Меня старец Зосима когда-то спрашивал о том, хотел бы я в миру та́к жить, как монах живёт пред Богом, — и сим всем людям мирским давать пример чистой жизни?

Но я тогда отвечал, что в монастыре хочу остаться. Даже не думал, не предполагал, что возможно такое в миру! А теперь знаю, что возможно! И, более того, необходимо очень — такие примеры людям иметь рядом с собой, в жизни повседневной. Но для этого надо уметь:

— любить людей, но не цепляться за них,

— не понуждать людей к доброте, но сему учить своим примером, своей любовью, всей своей жизнью,

— Слово Божие вовремя говорить, а выбор собственный — уже за каждым человеком остаётся,

— не тащить за собой людей, не заставлять их быть праведниками, но понимать каждого до глубины, объяснять ему в соответствии с его разумением. Тогда и видно станет, как помочь человеку, которого Бог в твоей жизни рядом с тобой надолго поставит — или только на короткую встречу к тебе подведёт.

Ты, Зосенька, может, сумеешь теперь эту мечту Зосимы воплотить: чтобы в миру жить — но с Богом в каждом мгновении!

... Зося подняла глаза на о. Александра. Он порадовался её ясному, чистому взгляду и лучистому и тёплому свету в сердце духовном. Редко такое встречается, когда сияет такой искренностью и чистотой душа, и даже во взгляде это отражается!

Зося сказала:

— Ты говоришь: «В каждом мгновении — с Богом!» Это совсем ещё у меня не получается... Да и возможно ли такое?

Но не утерять теплоту сердечную — постараюсь!

* * *

Поезд мерно постукивал колёсами, унося Зосю в столицу.

Она долго сидела у окна, за которым проплывали, сменяя друг друга, картины просыпающейся весенней красоты.

Остальные места в купе были свободны, Зося ехала пока одна. Видимо, позже будут ещё пассажиры.

Зося бережно достала подаренные ей тетради. Она с трепетом открыла записи о. Александра, которые ещё никогда не читала.

Из тетради о. Александра:

Начинаю я сию тетрадь, видимо, слишком поздно…

Прошёл уже год с того дня, когда покинул тело старец Зосима…

И вот, понял я, что, если не запишу хотя бы по памяти слова старца, — то утратится то бесценное, что рассказывал он мне, что я сам видел и слышал за семь лет обучения у него, и о чём могу свидетельствовать…

За те годы, что я был учеником старца Зосимы, много чудесных исцелений видел, но ещё более чудесными были преображения именно душ человеческих. Каждая его беседа врачевала, в первую очередь, душу. И надежду она давала для жизни дальше, и страх перед смертью тела изгоняла...

Но как всё это в слова вместить?...

Мне сейчас не записать всё в последовательности тех многих дней, что я провёл рядом со старцем Зосимой. Потому начну писать то, что в сей момент вспоминается ярко. Слова его о любви к Богу начну излагать, ибо они живут во мне — как опора незыблемая:

«Бог — это пусть будет всё, что у тебя есть! Не желай ничего, кроме близости Бога!

Счастие не отнимется от тебя, когда любовию своей Любовь Божию познаешь!

Не желай похвалы твоему усердию, не желай благодарности от тех, кому помог!

Радуйся Богу! Радуйся в каждый день, в каждый час, в каждый миг!»

«Но как мне научиться в сей радости жить? Бывает, что есть она, а бывает, что нет... Что тогда делать?»

«Всё это — просто! В сердце духовном её ищи! В сердце — эта радость тогда есть, когда ты пригласил и впустил туда Бога!

Тело твоё — словно сосуд для жизни Божией! Бог — вдохнул сие Животворящее Сияние и в тебя, и в других!

Если не ведает об этом человек, то пренебрегает он чистотой души! И застят её мысли мрачные, самоуничижительные или самохвальные! И оттого и жизнь человека неправедной может стать.

А вниманием и бережением к чистоте душевной — Свет сей Божий, как в светильнике, поддержан может быть.

Советов о том, как сей Свет возжечь да хранить — много написано... Да только, пока бдение своё сам не начнёшь, — всё мимо те слова будут!

Долгие годы ушли у меня на то, чтобы Единение в Духе сделать постоянным.

Тело может быть занято делами. Также и малый ум человечий может быть загружен трудом, а сердце — пусть в Божественном Свете продолжает словно парить, будто бы птица!

И неотрывна тогда душа от Бога!

И — словно свет солнечный — Любовь Божия льётся, что бы тело ни делало!

Как же — спросишь ты — познать сию Благодать Божию в сердце и не утратить Её?

Первая забота должна быть о том, чтобы Отклик Бога всегда стараться ощутить.

На любовь, к Богу обращённую, на мысли, к Нему устремлённые, — Ответ Божий приходит! Но заметит человек сей Отклик только тогда, когда в тиши сердечной внимание души лишь к Богу устремлено станет.

С этого и начинается опыт понимания реальности бытия Бога Живого, ощущение Присутствия Божиего приходит!

Даже просто веровать в Бога — это хорошо... Но опыт Соприкосновения души с Богом — открывает человеку Свет Животворящий, Который душу питать будет!

Для кого-то сие во время Причастия случиться может... Для кого-то — иначе...

Прежде человек был будто во сне, и вера его не живая была, а лишь *по правилам*...

Но, когда Отклик Бога познал, — то оживает душа! Коснулся Бог Дыханием Своим — и пробудился человек-душа! И узрел тогда человек, что Бог есть Бог Живой!

Душа воскресает при Соприкосновении с Духом Божиим!

Если восторг от Прикосновения к Живому Богу вдруг покажется тебе привычным — устрашись охлаждения любви сердечной!

Счастье от Прикосновения Бога к душе — всегда новое! Это — Чудо Великое! Это — словно дверь в Небесную Жизнь приоткрывается на время для души!

Если же вдруг *прискучило* тебе — значит утерялось то главное, что делает тебя — как душу — живой! И не возносит тогда такое твоё состояние к Единству с Духом Святым и с Отцом Небесным!

А вторая забота должна быть о том, чтобы научиться удерживать сие *осознание жизни в Духе Святом*.

Да, возможно сделать негасимым животрепещущее Пламя Любви в сердце духовном!

И легко это, когда другим светишь, когда через тебя Бог Руку Помощи протягивает им! Радостно это!

Но не за один день сие достижимо...

Зато тот человек, который эту ступеньку возрастания и взросления в Духе Святом освоит, — тот познает Счастье Великое!

Что бы вовне ни случилось с человеком таким, как бы ни гнали его, ни поносили, как бы ни терзал его мирскими тяготами мир внешний — для такого человека Любовь Божия есть как Поток Неостановимый, Сияющий в душе и льющийся для помощи другим!

Как бы ум ни пытался отклониться — сердце, любящее Господа, стоит на страже!

И не свернуть уже такого подвижника с Пути Истинного, к Богу приближающего! Ибо сердце духовное с Бескрайней Любовью Божией имеет уже соединение неразрывное!

А после — третья забота для подвижника наступает, которая конца не имеет. Это — полное погружение души в Жизнь Божию!

Любовь, ум и сила личные — тогда замещаются Божией Любовью, Божией Мудростью и Божией Силой! Про это рассказывать не стану. Это — каждый сам познаёт, отдавая себя всецело Отцу Небесному!»

* * *

Зося закрыла тетрадь. Мягкий свет закатного солнышка за окном сливался со Светом, Который заполнял купе вагона. Зосе показалось, что она увидела в этом Свете облик старца Зосимы. Он улыбался ласково, потом сказал: «Коли захочешь, всегда рядом буду, помогать стану!».

… В детстве Зося часто видела старца и во сне, и вот так же — в Свете Лучистом… И слова его слышать часто могла. А потом реже это случалось…

А сейчас Зося снова ощутила себя маленькой девочкой. И рассеялись сомнения о том, что да!, может она видеть и слышать старца Зосиму! От радости даже слёзы выступили на глазах!

Она смотрела на закат солнышка и вспомнила слова старца, к ней маленькой обращённые как-то зимним вечером:

«Это же — только кажется нам, что солнышка нет, потому что не видно его стало за горизонтом! А оно — ведь светит! Оно — всегда светит!

И Бог — всегда с нами! Ничего никогда не бойся, Зосенька: Бог — с тобой рядышком и в сердечке твоём! Его Любовь — неотступна! Прими её!»

Экзамен

Столица встретила Зосю прохладным моросящим дождиком. Вскоре, правда, дождь закончился, но небо в тучах и серые сырые улицы контрастировали с просторами лесов и полей, на которых весна уже давно вступила в свои права и начиналось ласковое лето.

Зося достала бумажку с адресом, который ей дал один из недавно учившихся здесь молодых докторов из больницы. Он сказал, что тут можно будет недорого снять хорошую комнату.

Извозчик привёз к многоэтажному доходному дому.

Поднявшись на пятый этаж, Зося позвонила. Вышла милая женщина. Она поохала, вспоминая своего прежнего постояльца-студента, сказала, что свободных комнат сейчас нет, но рекомендовала одну свою знакомую, которая жила поблизости и тоже сдавала меблированные комнаты.

Вещей у Зоси было мало: лишь небольшой чемоданчик. И она отправилась пешком.

Хозяйка, женщина лет сорока, встретила её строго и неприветливо:

— Да, есть комната, но — чтобы никаких гулянок! И деньги — вперёд за две недели!

— Да Вы не думайте так, сударыня: я учиться приехала! В институт поступать буду!

— Знаю я вас таких! Учиться!... Институт!... А сами — пьянки с парнями, чтобы замуж выскочить! А потом — брюхатые, без денег... — на жалость давить начинают! Не потерплю! Сгоню! Чтобы никаких кавалеров я тут не видела! И порядок чтобы был!

— Хорошо, — произнесла Зося, стараясь понять, чем же уже успела так не понравиться.

Она осмотрела комнату и, несмотря на неприветливую хозяйку, всё же согласилась снять на первое время. Долго искать жильё в незнакомом городе не хотелось. Комната была чистая, светлая, почти без мебели... Стол, шкаф, кровать... А что ещё нужно?

Вступительные экзамены должны были начаться уже послезавтра. Институт — рядом, пешком можно дойти. Это — удобно.

Когда Зося заплатила за комнату, то хозяйка заметно подобрела...

* * *

В этом году набор новых студенток в Женский медицинский институт объявили необычно рано, сразу по окончании экзаменов в гимназиях. Так как в прошлом году желающих поступить оказалось намного больше, чем принятых, то были введены вступительные испытания. Те, кто их не выдержали и не были зачислены, — имели возможность после попробовать поступить в другие учебные заведения.

В просторном красивом холле ещё так недавно построенного здания института было очень много девушек. Когда подошла очередь Зоси, она вошла в кабинет и подала свои бумаги.

Принимавший заявления, просмотрел Зосины документы.

— Этого — недостаточно. Потрудитесь принести аттестат из гимназии и, если есть, то, очень желательно, — свидетельство с фельдшерских курсов.

— Но у нас в городе нет полной гимназии, только четыре класса. Я экзамены специально ездила сдавать. Вот — бумага...

— Голубушка, так — не положено! Вам придётся здесь держать экзамен по латыни. По результатам экзамена и собеседования будет принято решение. Приходите завтра к 10 часам.

... На следующий день народу было уже несколько меньше.

* * *

Вот и экзамен.

Вначале — строгий взгляд и недовольство принимающего экзамен седого профессора:

— Вам, сударыня, ещё только 19 лет, а мы принимаем с 20.

— Мне уже скоро исполнится! Осенью уже будет полных 20!

— А это вот — что за бумажка такая?

— Это — оценки за гимназический курс. У нас в городе гимназия неполная, мне пришлось экстерном сдавать. Они сказали, что бумага такая действует...

— Сказали..., мало ли что сказали...

И как Вы — по латыни — тоже экстерном учились?

— А Вы — спросите! Можно — по словесности латинской, а можно — по анатомии! Я всё знаю!

— Да ну? Может, Вам и учиться у нас не надо, и так всё знаете?

— Обязательно надо! Мне очень надо врачом стать! Настоящим!

Профессор смотрел на Зосю с удивлением. Эта девушка-провинциалка с ясным открытым взглядом словно не замечала его сарказма и недовольства.

Он приподнял очки, внимательно разглядывая Зосю. Потом опустил очки обратно и достал из стола кафедры анатомический атлас:

— И все органы в этом атласе на латыни назвать сумеете, с пояснениями?

... Зося отвечала уверенно и без запинок. Профессор начал входить в азарт, усложняя вопросы с каждой следующей страницей атласа, словно экзаменовал уже давно обучающуюся студентку. Его удивление быстро нарастало.

— Как так? Без курсов — а всё знаете?

— Я в больнице отцу помогала, запомнилось многое ещё с детства. И практика у меня почти как у фельдшера была, только бумажки нет...

— Значит и латыни тебя отец учил? Он — врач?

— Да, хирург.

— Ну и как отца твоего зовут?

— Фёдор Петрович Березин.

Профессор вскинул голову и внимательно посмотрел на Зосю:

— У меня в Москве лет двадцать пять тому назад был ученик, Фёдор Петрович Березин. Диссертацию защитил. Талантливейший, перспективнейший, надо отметить, был молодой человек! Весьма, весьма большие надежды подавал! Потом практиковать он начал самостоятельно в Москве. История там какая-то случилась в клинике: случай смертельный во время операции. Вроде бы, всё — чисто, комиссия так решила, но он тогда пропал.

Выходит — ты его дочь?

— Да.

— Что ж он мне письмо какое не прислал? Как он? Работает?

— Он руководил больницей бесплатной в нашем городе, оперировал, лечил... Он умер год назад. Поэтому я тут. Я и не знала, что папа — Ваш ученик!

— Да... Неисповедимы пути Господни! Не волнуйся, считай, что ты принята!

* * *

Зося вышла из кабинета, радостно улыбаясь.

Услышала, как две девушки обсуждают насмешливо её немодное платье.

— Вот уж провинциалок-то понаехало! Постыдились бы в таком виде на экзамен приходить!

... Зося с удивлением взглянула на своё платье. Оно было чистое и аккуратное. Его

Зосина мама сама сшила. И Зося его берегла и надевала только в праздники.

Зося отошла в сторонку и встала у окна. Она, всё же, решила дождаться окончания экзаменов и списка всех принятых.

Насмешницы продолжали обсуждать её внешность и манеры специально громко, чтобы ей было слышно.

Этих девиц слышали и несколько молодых мужчин в форме Императорской военно-медицинской академии. Они помогали профессорам с организацией экзаменов.

Девушки явно хотели привлечь к себе их внимание, но получилось обратное.

Юноши подошли к Зосе:

— Ну, что страшнее: латынь, профессор или будущие сокурсницы? — спросил очень симпатичный высокий темноволосый студент.

— Ну, латынь — это совсем не страшно!

... Тут юноша перешёл на латынь, намереваясь продолжить испытания и смутить девушку, но Зося преспокойно ответила ему тоже на латыни.

Студент, к своему удивлению, понял, что эта «простушка» совершенно свободно владеет этим языком.

— Вам и вправду не страшна латынь? Кто Вас этому учил?

— Мой духовник о. Александр.

— Вы не ошиблись? Здесь — не семинария! Здесь скелеты изучать придётся, трупы препарировать!

— Не ошиблась: я в больнице долго работала! — засмеялась легко и радостно Зося.

— Виктор. — Продолжая немного балагурить и раскланиваясь, как в театре, представился студент.

— Семён, Денис. — Протянули руки его друзья.

— Софья. Но все близкие мне люди зовут меня Зосей! — представилась Зося, ничуть не смущаясь и не кокетничая.

...После того, как списки принятых были вывешены и Березина Софья Фёдоровна оказалась в начале списка с наивысшим экзаменационным балом, Зося, счастливая, вышла из здания института.

Внезапно её догнал Виктор:

— Если Вы подождёте минут пятнадцать, пока мы приведём в порядок аудиторию после экзаменов, я Вам город покажу. Подождёте? Это, конечно, не правильно, чтобы девушка ждала, но в другой раз я Вас ждать стану!

... Зося согласилась.

* * *

Они гуляли, взявшись за руки, как старые приятели, и очень быстро перешли на «ты».

Виктор расспрашивал обо всём, иногда чуть-чуть пытался подтрунивать над Зосей, но ласково, не обидно.

— Ну так и почему ты — Зося, а не Софи?

— Ну... так сложилось... Это из-за старца Зосимы так повелось.

— Так выходит, твоё уменьшительное имя *Зося* — из-за старца этого случилось?

— Да. Ну... словно под его защитой я родилась. И у нас в семье это все всегда помнили... Ну понимаешь?, старец — он вправду чудеса мог творить! И проявлено это бывало часто. И я тому свидетелем была множество раз.

— Ты — как из прошлого века! Старец Зосима, о. Александр!... Врачом хочешь стать, а сама — как ребёнок! В Бога веришь!

У нас в гимназии, например, все «закон Божий» терпеть не могли!

— А я Закон тот, что от Бога, не в гимназии, а в жизни учить стараюсь.

Я Бога иногда вот так, как тебя сейчас, за Руку могу взять, прикосновение Его ощутить… И тогда Он Сам берёт мою руку и ведёт, подсказывает, как жить, как поступать. У меня не всё время так получается, но, когда удаётся, то всё вокруг — особенное и прекрасное делается, вот как сейчас!

… Зося коснулась рукой руки Виктора и тихонько сжала его пальцы.

Он молча с удивлением смотрел на нежное лицо девушки, на светлые пепельно-русые волосы, заплетённые в косу, на скромное платье… И не понимал, отчего такая сила и уверенность исходят от её рук, от её хрупкой стройной фигурки, от её таких неожиданных слов. Наивная, чистая…, такая прекрасная!… Виктору захотелось защитить её от этого несправедливого и жестокого мира…

А Зося, совсем не ощущала, что нуждается в защите. И она спокойно продолжала:

— Почему ты думаешь, что врачи в Бога верить не должны? Есть ведь то, что от воли человеческой не зависит совсем, но с людьми происходит. И в медицине это — ведь так ярко видно!

— Ты, и в правду, чудна́я, Зося! Но и — чудесная!

Мне так легко с тобой, как ни с кем никогда не было! Только сегодня познакомились — а будто много лет тебя знаю, словно с детства дружим! И любое, всё что думаю, сказать могу! Даже то, с чем ты совсем не согласна будешь! И это — так просто! И радость такая вокруг!

... Было красиво и тихо. Белые ночи...

... Они долго гуляли по набережным и встречали ранний-преранний рассвет. Город, который показывал Виктор, Зосе понравился. Он был совсем не таким строгим и серым, каким казался ей вначале.

Нева спокойно несла свои воды в гранитных берегах. Уже собиралось взойти солнце, и сине-зелёно-оранжевое небо отражалось в текучей и сияющей, похожей на переливчатый шёлк поверхности реки, скрывающей до поры от взоров свою мощь и силу.

Простор над Невой был красив, он — завораживал!

И везде — был Бог! Зося теперь это очень ярко ощущала. Она твёрдо знала, что всё происходит вовремя, всё движется так, как надо! И даже такой уверенный в себе Виктор, студент 3-го курса, — вот тут, рядом! И вот так запросто он предложил свою друж-

бу! И на экзамене всё получилось! Поступила!

... Когда прощались, Зося произнесла:

— Я бы тебя позвала пить чай на травах, но ко мне нельзя. Хозяйка сказала, что из комнаты выгонит и денег не вернёт, если парней водить стану...

— Ко мне — тоже не получится..., — Виктор замялся, помолчал. — Я с отцом давно в ссоре. В общежитии живу. Туда тоже девушек не пускают. Отец мой, кстати, врач, профессор... Страсть к медицине — это у нас «семейное». Наверно — «наследственность»!... А размолвка у нас вышла давно, из-за мамы. Она умерла. А он на другой женщине теперь женат. Ну... мы вот и не общаемся... Только на лекциях его вижу.

— Вам помириться нужно, обязательно!

— Да? А как? Он — гордый! А я — ещё сильнее «упёртый»! Обиды, вроде бы, позади, но вся жизнь — теперь врозь...

Ты что, будешь меня христианскому смирению учить?

— Не буду я тебя ничему учить, просто — помирю! Если захочешь, конечно...

— Я прощения просить не буду, так и знай!

— Хорошо, не проси... И так всё получится. Ну как?

— Ну тогда... — в воскресенье встречаемся? И ты свои чары продемонстрируешь. На Троицком мосту, в полдень, на нашем месте, идёт?

— Договорились!

* * *

У себя в комнате, перед тем, как лечь отдыхать, Зося открыла тетрадь старца Зосимы наугад, как изредка делала, чтобы ей Зосима «сказал что-нибудь» через прочитанные строки.

Слова словно обняли теплотой и радостью:

«Любовь и покой, благожелательность к каждому существу — хоть и постепенно, но верно ведут человека к мудрости, к стяжанию Духа Святого.

А любое недоброжелательство, оборонение — ведут к утере Света Духа Святого в сердце духовном.

Любовь — есть лучшая защита от зла!

Но никак люди это не поймут! И отвечают они злом на зло, раздражаются, обижаются, мстят, обвиняют других во всех своих бедах! А прощать — не умеют!...

Бывает, что из-за сущих пустяков люди врозь живут, разобщаются. И в семьях это есть, и в целых народах так бывает, и даже меж странами через то бедствия, к войнам ведущие, возникают.

А ведь как просто — жить в доброте и мире меж людьми!

Без Божией Воли — и волос с головы твоей не упадёт! Значит, если за что обидеться хочешь или что почитаешь несправедливостью — то это и есть тебе вразумление от Бога! И, когда поймёшь сие вразумление, то возблагодари Господа! И зло не только не войдёт в душу, но и жизнь твою стороной обходить станет! Ибо живущий в Божией Любви — всегда счастлив!»

Зося замерла в некой особенной тишине. Пришло понимание, что помирить Виктора с отцом его — это хорошо, правильно, нужно! И — непременно получиться должно!

Потом она продолжила читать дальше ещё не дочитанную тетрадь о. Александра.

У Зоси возникло ощущение, что Бог говорит с ней через эти строки:

«Спросил я однажды старца Зосиму о том, как поделиться с людьми любовью, которая разгорелась, как солнце, в сердце духовном? Спросил ещё: отчего не ощущают это многие люди, даже если они рядом? А если и ощущают, то лишь самую малость?

И ответил мне старец:

«Делись — щедро! Ведь немыслимо удержать в себе сей Свет! Ибо льётся Он Рекой Любви Неизречённой!

Делись — и не заботься о том, кто примет сие, а кто не примет!

Ты — свети! А остальное — уже не только твоя забота! Бог на то Свои планы имеет!

Вот — солнышко на все цветочки на лугу равно светит! Но одни раскрываются сразу же. А другие созревают в бутончиках ещё некоторое время. Каждому цветку — свой срок назначен: и цвести, и семена рассеять! И, уж тем более, душам человечьим есть свои сроки и для возрастания, и для понимания! Позволь Божиему Свету проливаться свободно — и всё по Воле Его сбудется!»

Зосю переполняло счастье от вполне ясно ощущаемого Присутствия Бога, которое не только не покинуло её с приездом в столицу, но всё ярче, всё явственнее становилась!

Она засыпала, продолжая шептать слова Благодарности Богу за такую удивительную Его Заботу!

Примирение Виктора с семьёй

В воскресенье Виктор и Зося встретились, как договаривались.

Зося спросила:

— Твой отец сладкое любит?

— Очень! А откуда ты знаешь?

— Вот теперь — знаю! Давай пирожных к чаю купим и пойдём к нему в гости!

— Ну ты — дерзкая! Ладно, давай! Хуже, чем есть, не будет!

※ ※ ※

Они стояли перед солидной резной дверью квартиры, в которой жил профессор Данилевский, отец Виктора.

— Ну, звони, раз говоришь, что у тебя «рука лёгкая» и уколы не больно делает! — пошутил заметно волновавшийся Виктор. Он, как обычно, пытался скрыть эмоции за шутками.

Открыла миловидная уже не молодая женщина в пушистой вязаной шали на плечах.

Виктор приветствовал:

— Здравствуйте, Наталья Владиславовна! А отец — дома?

— Дома, дома! Петенька, Петя! Это Витя с девушкой пришли!

... От радостного волнения голос её дрожал.

Отец Виктора тоже явно был обрадован, и с большим трудом скрывал переполнявшие его эмоции.

Он представился:

— Пётр Яковлевич! А как зовут прекрасную барышню?

— Это — Зося! А это — пирожные к чаю! Будем чай пить? — без всяких церемоний произнёс Виктор.

Когда первое волнение улеглось и все сидели за столом, некоторое напряжение всё же ощущалось. Поэтому отец Виктора решил перевести разговор на Зосю.

— Расскажите, пожалуйста, голубушка, как Вам удалось познакомиться с этим бунтарём и балагуром?

— На экзамене. Я в Женский медицинский институт поступала, а Витя и его друзья помогали там всё организовывать.

— И как, успешно Вы поступили?

— Да, меня приняли!

— Вы, небось, тоже бунтарка и революционерка, как и мой Виктор? Сейчас вся молодёжь словно в эпидемии от этих идей о свободе и равенстве оказалась!

... Виктор вмешался:

— Вот и не угадал, папа! Зося совсем не разделяет мои идеи, но мы при этом всё ещё не поссорились!

— Чудеса!

— Вот-вот! Зося — как раз важный специалист по чудесам! Представляешь, она рассказывает, что знала «настоящего святого» — старца Зосиму. Будет теперь сокрушать наш с тобой врачебный атеизм, а Наталья Владиславовна найдёт в её взглядах и в вопросах веры полную поддержку.

— Вот и замечательно! Значит, в нашей семье может наступить равновесие в религиозной жизни, а значит — мир и согласие во всём остальном!

А расскажите нам, Зося, что-нибудь об этом старце. Обещаю не насмешничать, честное слово! Мне, право, было бы интересно услышать о таком из уст будущего врача. Значит, есть такие чудеса, которые материалистическая наука объяснить не может? И

что, Вы такие чудеса сами видели? И такие, которые учёных убедить бы смогли?

— Конечно, такие чудеса есть! Но люди по-разному про чудеса понимают. Вот, воду в вино превратить или по поверхности воды идти — это чудеса, которые старец Зосима никогда не совершал. А исцелил он — многих!

Но его мудрость — в другом выражалась. Он оказывал ту главную помощь, что преображала души, обращая их к доброте, к любви! А ведь сделать человека спокойнее, мудрее, жизнь его в светлое русло выправить — это ведь тоже чудом считать можно! Даже просто вдохновить людей дела добрые совершать тогда, когда это можно, вроде бы, вовсе и не делать, — разве это не чудеса настоящие?

— Ну вот, милочка, я тогда, получается, тоже чудеса совершаю: вакцины от болезней испытываю, лекарства создаю.

— Да! Но Вы про то не думаете, что это Бог через Вас помощь людям оказывает, здравый смысл и мудрость в людях развивает.

— Так выходит, Вы полагаете, голубушка, что здравый смысл и наука ни в коей мере не противоречат вере в Бога?

— Разумеется! Чем глубже учёные будут всё в этом мире изучать, тем явственнее станет для них Великая Сила, Которая всем в Мироздании всегда управляет. Это — так старец Зосима говорил, я как раз сейчас читаю записи его ученика о нём.

— И что, Вы были свидетелем таких событий, которые происходили за пределами возможностей понимания науки, ну, медицины, например?

— Да!

* * *

То, что после этого поведала Зося, было полной неожиданностью для всех.

— Я расскажу о самом важном событии в моей жизни.

Мне тогда было тринадцать лет. В то время моя вера в Бога ослабела. Тогда было время, когда я словно обижалась на Бога, потому что Он мои молитвы и просьбы об исцелении некоторых больных не исполнял. Старца Зосимы не было рядом уже 6 лет, а вразумления его ученика, о. Александра, меня мало убеждали.

Случилось так, что мой отец заразился, когда поехал в удалённое село бороться со внезапной вспышкой чумы, завезённой туда приезжим из Забайкалья. Там было всего несколько случаев болезни, и мой отец сумел остановить её распространение.

А когда он вернулся, то понял, что сам, всё-таки, заразился. Тогда он заперся у себя в кабинете, и не впускал никого: ни маму, ни меня, ни других врачей. Он не позволял никому вмешиваться. Лекарства у него были, но он умирал.

Когда я увидела сквозь дверное стекло, что он потерял сознание и упал на пол, я не выдержала и стала пытаться открыть дверь кабинета.

Я была в тот момент одна и меня не успели остановить.

Не помню сейчас, как я справилась с замком! Это было первое чудо, потому что получилось подобрать ключ почти сразу.

Хотя, конечно, можно предположить, что бывают такие совпадения...

Я снова заперла дверь изнутри и осталась с папой. Два дня я ухаживала за ним.

А потом он умер...

То, что он действительно умер, — это не была моя ошибка. Разумеется, я тогда была ещё ребёнком, но ребёнком, который вырос в больнице. И я не могла ошибиться!

Моему отчаянию во все те дни не было предела! Молиться, верить, надеяться — я прошла через всё это. А он — умер!...

И вот тогда я увидела старца Зосиму: из Света проявился его нематериальный облик рядом со мной. Это был не сон, не бред. Я была в ясном сознании.

Я попросила:

«Верни папу! Я буду верить, буду жить так, как ты будешь учить! Я на всё согласна! Я всё, что угодно, готова сделать, только верни папу! Попроси Бога: ты ведь — можешь!»

«Смерть — это другая сторона жизни, всего лишь...» — таков был его ответ.

Я, кажется, тогда закричала сквозь слёзы:

«Сделай что-нибудь! Я всю жизнь буду жить только для Бога, я буду послушной! Только верни его!»

И тогда в том Свете я увидела папу, обняла его и не отпускала... Потом потеряла сознание.

Когда очнулась — папа дышал... Я не знаю, сколько прошло времени, видимо, не много, но, всё равно, ведь так обычно не бывает!...

Папа — он был жив!

Он очень быстро поправлялся, а я — не заболела!

Тогда я «вылечилась» от жизни без Бога… Уверена, что навсегда! Я тогда очень многое поняла про жизнь, про смерть, про веру, про испытания. Про это я сейчас не стану говорить. Но тогда я прочувствовала и глубоко осознала, что у каждого из нас есть не только отец земной, но и Отец Небесный!

Мне было подарено ещё пять лет жизни с папой. Он умер в прошлом году, это уже никто не мог отменить.

И вот, теперь, я хочу стать врачом, который может лечить вместе с Богом! Это не значит, что все пациенты поправятся чудесным образом. То — другое. Но я точно знаю, что так можно много больше сделать для помощи людям!

И я должна сдержать своё обещание Ему!

* * *

Наталья Владиславовна вытирала слёзы платком.

Виктор смотрел на Зосю и понимал, что не просто влюбился, но что в его жизнь вошла необычная девушка, которая своими простыми словами и такими же простыми делами меняет происходящие вокруг события!

Вот — она помирила его с отцом. И всю его жизнь она меняет прямо сейчас! И не любить её — невозможно!

Пётр Яковлевич произнёс:

— Вы — такая удивительная, Зося! И я так рад, что мой сын Вас встретил! Право, очень рад! Хоть, признаюсь, не умею говорить комплименты, и сентиментальность мне совсем чужда.

Между прочим, я переписываюсь с доктором Владимиром Ароновичем Хавкиным, моим другом по университету в Лозанне. Он — ученик Мечникова. Он недавно создал вакцину от холеры и работает теперь над созданием вакцины от чумы. Потрясающий человек! Кстати, тоже весьма глубоко верующий, но его вероисповедание — иудаизм. Если Вам будет интересно, Зося, моя новая книга включает главу об этих его исследованиях и о необходимости внедрения в России их результатов.

И, кстати, мои дорогие, у меня тут проза жизни назрела, я ведь книгу уже закончил. Мне бы нужно найти человека надёжного, который текст на печатной машинке наберёт. У тебя, Витя, нет ли приятеля не из двоечников, который подзаработать захочет? Пробовал машинистку найти — так столько ошибок в терминах медицинских она наделала, что весь её труд — впустую...

Зося предложила:

— А можно, я попробую сделать эту работу? Вы мне покажите рукопись. Если я почерк легко разбирать стану, то быстро сделаю. Мне приходилось многое набирать для отца, для больницы.

Только у меня печатной машинки нет.

Я — не за деньги...

И вот только, ещё я бы набрала текст из тетради о старце Зосиме, если можно?

...Отец Виктора и Зося пошли в кабинет смотреть рукопись.

Наталья Владиславовна произнесла:

— Спасибо тебе, Витенька, за то, что простил и меня, и отца! Спасибо, что пришли! Если бы ты знал, как он переживал!..

— Это всё — из-за Зоси. Если так дальше пойдёт, то и я в чудеса верить начну, — спокойно улыбаясь ответил Виктор.

Он понимал, что обида на отца, неприязнь к его новой жене ушли бесследно, словно сметены были чистотой того состояния любви, которое пробуждалось теперь в душе.

На морском берегу

Вначале Пётр Яковлевич предложил Зосе приходить к нему домой и работать с набором текста его книги несколько часов в день.

— Так нам будет удобнее. Кабинет днём свободен, я — в клинике.

— Но я, всё же, наверное, мешать, стеснять буду?

— Нет, не будете, Зосенька. Мы с Наташей Вам всегда рады!

… А ещё спустя некоторое время Пётр Яковлевич предложил всем вместе поехать пожить за городом:

— Друзья мои, у меня начинается отпуск, и я снял на этот месяц дачу на берегу Финского залива. Дом — просторный, недалеко от берега, у всех будут свои комнаты. Мне кажется, что если вы, Витя и Зося, погостите у нас, то и работа с моей книгой пойдёт быстрее, и отдохнуть хорошо сможете. Учёба у вас начнётся только в сентябре. А нам всем будет полезно и подышать морским воздухом, и приятно побыть вместе!

∗ ∗ ∗

Это было потрясающее время!

Дом был просторный, двухэтажный, удивительно красивый, с деревянной резьбой, с террасой, на которой можно было пить чай. Он был расположен совсем не далеко от берега, в окружении высоких стройных сосен.

Обширный песчаный берег, море!

Зося никогда прежде не бывала на море.

Виктор, посмеиваясь, говорил, что Финский залив — это совсем не настоящее море, а так — мелкая как бы «морская лужа». Он мечтал, что когда-нибудь покажет Зосе черноморское побережье.

Но Зосю — очаровали эти места! Природная гармония была удивительная, особенно в безветренную погоду.

Они с Виктором подолгу гуляли по берегу рано утром или вечером на закате.

Закат был всегда над морем, и можно было наблюдать, как солнце как бы опускается за горизонт.

Когда не было ветра и гладь моря становилась зеркальной — красота была неописуемая!

Днём Зося набирала текст на печатной машинке. Работа продвигалась хорошо. Пётр Яковлевич был весьма доволен.

Когда все вместе собирались в гостиной или на террасе за столом, то в беседах обсуждалось многое.

Но Виктор иногда уезжал в город на день или больше. Он не рассказывал ни Зосе, ни отцу, что за дела у него были в городе, но Пётр Яковлевич предполагал, что это были студенческие кружки, которые имели «политическую окраску». Отец не одобрял эти идеи сына и сильно беспокоился за его безопасность, но не пытался запрещать — чтобы им не поссориться вновь.

Разговоры о положении дел в стране, о необходимости перемен, об ужасном положении беднейших классов… — эти разговоры о политике все старались не доводить до жарких споров.

Пётр Яковлевич сам тоже иногда сетовал на правительство. Порой он возмущался тем, что «власти» никак не позволяют ныне внедрять в реальную жизнь населения новые медицинские открытия:

— Вот Владимир Хавкин в Индии, в Бомбее, прямо сейчас создаёт уникальные вакцины, английское правительство его финансирует, и результаты — потрясающие! А у нас его исследования применить нельзя, потому что он, видите ли, политический эмигрант! Но, заметь, Виктор: он, в результате, выбрал науку, а не политику! И он реально помогает тысячам нуждающимся в помощи! А ты хочешь поставить под угрозу своё будущее в медицине этим влезанием в дела всяческих незаконных организаций!

— Отец, ты просто не знаешь реальности! Ты не видишь того, что творится в стране! Если не изменить саму систему государственного устройства, то ничто не изменится!

— Возможно, но, мой дорогой, меня всегда ужасали такие идеи, когда ставится знак равенства между понятием «свобода» и правом «революционеров» отрубать головы правителям!

— Мы — не такие, отец! — возмутился Виктор, но потом сразу замолчал, сдерживая себя.

※ ※ ※

Зося редко высказывала своё мнение в общих беседах.

Наедине же с Виктором она была немного откровеннее.

— Мне кажется, что любое насилие порождает ответное насилие, ненависть — ответную ненависть. И это — словно замкнутый круг! И разорвать эту череду войн меж странами, а также бунтов кровавых внутри стран — может только духовное знание, преображающее самих людей.

— Ты — как толстовцы рассуждаешь! Ненасилие, смирение… И этой пассивностью пользуются те, кто действует во власти по своим прихотям, ради своей наживы!

… Зося промолчала.

В тот день на море был шторм. Высокие серые волны катились по мелководью и с грохотом накатывали на берег, достигая прибрежных кустов и сосен.

Виктор восхищался силой и красотой стихии. Он говорил вдохновенно о том, как «буря народного гнева» сметёт все пережитки прошлого — и восторжествует справедливость!

Зося, с некоторой болью внутри, понимала, какие же они разные с Виктором!…

Она осторожно произнесла:

— Когда-то о. Александр был очень увлечён идеями революционных преобразований жизни людей. А потом его прежние друзья захотели организовать группу, где планировали делать убийства, взрывы...

Он тогда так ужаснулся той безумной жестокости, в которую превратились идеи защиты свободы и помощи угнетённым и бедным людям, что в монастырь перебрался жить.

Но и в те годы, и сейчас — все эти бунты не приносят той свободы людям, о которой мечтают зачинатели.

— Зося, я согласен, что террор — это ужасно! Но это же — уже прошлое революционного движения! А сидеть, сложа руки, прятаться в своих норах и делать вид, что нет всего этого ужаса в стране — так ведь тоже нельзя! Надо что-то делать! И мы будем делать!

... Зося не спорила...

Она размышляла в те дни о многом. О справедливом и не справедливом в жизни, о том, когда нужно со смелостью в сражение за правду бросаться, а когда — терпеть, смиряться и молчать...

Иногда что-то внутри сжималось от страха за Виктора, за то, что не сумеет она предотвратить беду, спасти... Но ведь не один

Виктор такой! И в том, что он говорит, много — правды...

... Вечерами Зося открывала тетрадь старца Зосимы, читала и набирала дивные слова его — и тогда покой наполнял душу:

«Есть в человеке страх за жизнь свою, есть страх перед болью телесной, есть страх за близких, любимых нами людей...

Превозможение этих страхов вместе с Богом — важно очень!

И сильны эти страхи. Но преодоление их укрепляет силу души, вразумляет о Жизни Вечной! И о жизни тленной понимание приходит, позволяет ощутить временность сей жизни телесной!

Но есть и другие страхи, что к нам подступают порой.

Например, страх навредить, страх принять решение неправильное, страх поддаться искушениям, то есть, не заметив, что искушаемы были...

И страх такой — порой мешает в сердце Божию Волю ощущать!

Страх всегда сковывает, ограничивает душу!

Будем помнить, что всё, что приходит в жизнь, с пользою употребить можно. И любой страх нужно поставить на службу для своего продвижения ко Господу: чтобы остужалась в нас гордыня, смирялась самоуверенность и освобождалась в нас дорога к Господней Воле!

Так постепенно понимание приходит от Господа и позволяет избежать искушений малого ума — через мудрость сердца любящего.

Так обретается подлинное бесстрашие в единении с Волей Божией!

Ум незрелый склонен и к страху, и к гордости, и к ощущению правоты лишь собственной. Падок ум на соблазны! И не стоек сей ум в трудностях…

В сердце же духовном — растёт мудрость души любящей! Нужно учиться всякий час в сердце своём Бога слушать! Так — Господа понимать учимся!

Когда Любовь Божия — в сердце духовном, то всё остальное в жизни на свои места становится! Ни от кого ты уже ничего для себя не хочешь, даже са́мого приятного себе ни жаждешь: ни любви человеческой, ни одобрения словам твоим и поступкам… И не страшишься более порицания людского! И непонимания тоже уже не боишься!

А тихая Любовь Божия в сердце — не позволяет явить силу не к месту, слово неловкое сказать.

Словно в Вечность душой окунаешься!

И в этой Тишине всегда есть время для понимания.

Уместно на порог сей Тишины Божией встать каждый раз, когда решение важное с Богом вместе принять хотим.

Тишина — это врата в сию безвременную, вечную протяжённость жизни Духа.

Понимание Бога входит тогда в душу, когда нет в душе суеты мысленной.

Только сердце духовное, с Богом накрепко соединённое, раскрывает ум к такому пониманию — цельному, целостному! Словно со всех сторон всё тогда видишь одновременно!

Словно приоткрывается завеса и является ви́дение полное и всестороннее о том, о чём к Богу вопрошание было! Тогда о той проблеме или ситуации тебе ясный ответ от Бога приходит!»

* * *

В те дни, когда Виктор уезжал в город, Зося вставала очень рано и шла к морю одна.

В эти часы уединения — с ней происходило нечто особенное. Тишина, нарушаемая лишь иногда криками чаек, парящих над морским простором, словно заполняла всё пространство вокруг.

Простор над морем был так огромен, что Зосе казалось, что она растворяется душой в этой необъятной прозрачности и красоте!

Внутренняя сердечная Тишина наполнялась тогда Божественным Присутствием.

Бог был с ней и в ней и во всём вокруг!

Он был в мягком, лёгком скольжении едва заметных волн по песчаным отмелям, в зеркальном отражении в спокойной глади воды всей бесконечности неба с лёгкими, как белые крылья, облачками, в каждой травинке, в каждой песчинке под ногами.

Зося привыкала долго быть в этой бездонной и всеобъемлющей Тишине, сливаясь с ней, становясь ею...

Она хотела научиться тому, о чём у старца Зосимы читала: чтобы уметь в любой решительный момент жизни войти в сие безвременное Безмолвие и ясно понимать Божий Совет, Его Волю!

Мир Божественного Света и Любви открывал для Зоси свои входы и впускал в

Безграничность иной — Божественной — Реальности, в отличие от суетного материального мира.

Божественная Любовь окружала Зосю со всех сторон. Живая Божественная Тишина была и внутри, и снаружи. Тишина наполняла Зосю невыразимым словами счастьем!

… Зося несколько раз порывалась рассказать об этом Виктору, но пока не получалось: даже слова было не подобрать, чтобы описать ему всё это…

Старец Зосима об искусстве исцеления

На следующее утро было намечено возвращение в город.

Зосе было немного грустно расставаться с этим домом, с этим берегом, где все они были так счастливы в прошедшие дни.

… А накануне у них с Виктором размолвка небольшая вышла. Не то, чтобы они поссорились, а так… словно ветер холодный налетел…

Всё-таки, пока у них с Виктором не получалось то полное понимание, которое нужно, чтобы взаимное притяжение душ переросло в достаточно прочную любовь.

Вот и вчера так случилось. Зося словно натолкнулась на стену непонимания...

Была в Викторе некая несокрушимая уверенность в собственной правоте. И прежде случалось, что в какой-то момент эта самоуверенность делала Виктора жёстким, словно готовым к жестоким решениям и поступкам. Сейчас же это были только суждения и рассуждения его о том, что есть верно, что — не верно, как жить следует правильно...

Но от его непонимания и его слов — внутри осталась боль.

Пришло ощущение, что, видимо, им с Виктором — не предстоит долго быть вместе и идти рядом по жизни. А ей так хотелось, чтобы любовь растопила ту стену непонимания!

Зося попробовала отогнать печальные воспоминания о вчерашнем разговоре с Виктором.

Но сразу у неё это не получилось. И зачем только она дала ему после разговора прочитать те несколько листов распечатки о Зосиме? Не надо было! Не вовремя!

Это ведь такая глупая и наивная надежда была, что сейчас прочтёт он о старце — и сразу почувствует Любовь Божию… Ей самой казалось, что нельзя не понять, не ощутить Её…

Но это ведь — не так! Поторопилась!… Словно не хотела видеть, что Виктор совсем ещё «закрыт», как называл такое состояние человека о. Александр.

… Вчера они с Виктором говорили о медицине, о новых научных достижениях и их внедрении — и всё было здорово, вдохновенно! Потом перешли на вопросы веры…

Виктор словно нападать начал:

— Пойми: путь веры — это путь слабых, Зося!

Посмотри на примере медицины:

Вот ты веришь, что человек поправится — и он поправился; и значит, что это «по Божьей Воле» произошло. И если человек умер или калекой остался, то и на этот раз — «Божья Воля»! И от тебя, выходит — ничто не зависит! Ну что, не так? Вера — это самообман, дурман такой, как морфий, который убирает боль, а причину боли не убирает!

… Зося с трудом пробовала подбирать слова, чтобы объяснить своё понимание:

— О причинах болезней я как раз и размышляла. И думаю, что причины — не только в повреждении какого-то органа. Есть ведь и причина того, что такое повреждение — случилось. И тут у меня много раздумий о том, что такое — судьба человека?

В любом лечении и от человека больного многое зависит, и от врача — тоже, и ещё — от Бога зависит. Ведь и через врача — Воля Бога проявляется!

То понимание, которое приходит от Бога, — оно может быть очень большой помощью! Это — не просто вера безвольная, но это — знание!

Не представляю, как это понятно объяснить, но на плане духовном тоже работа осуществляется. Пока я про это очень мало знаю. Но думаю, что *там* тоже есть свои правила, свои как бы законы… Только мы ещё очень мало об этих законах знаем. Но их — можно изучать!

Вот ведь и в практической медицине в прежние времена сколько всего считалось невозможным или запретным. А теперь — столько достижений! И ещё новые открытия будут! Так и в духовном исцелении есть свои правила, а не просто молитву надо прочитать. Только это никто ещё не исследовал по-настоящему.

— Церковь твоя всегда была против любого изучения, против всей науки! Вспомни хоть о том, сколько врачей на кострах сожгли заживо только за то, что причины болезней через вскрытие трупов хотели понять! Разве не так?

— Так… Но я же не против науки, совсем наоборот!

Мне тебе о другом сказать хочется: о том, что возможно объединить науку материальную и науку духовную.

Вот, старец Зосима и мой папа, как врач, — они именно вместе очень многим больным принесли исцеление. И я это видела: как успешно соединялись помощь душе и помощь телу…

… Зося замолчала, ощутив, что Виктор перестал её слушать, считая её слова ерундой…

… Потом, вечером, она решила дать Виктору прочитать те страницы из дневника о. Александра, которые её саму так потрясли. Там о. Александр спрашивал старца Зосиму о том, как тот начинал учиться понимать Бога, как понял, что может исцелять. Это был рассказ старца о том, как постепенно начали приходить к нему знания от Бога о принципах помощи людям, как не просто всё это ему давалось:

«Зосима, ты никогда не говорил мне о том, как научился исцелять людей, с Божьей Силой соединяясь. Поведай! Для меня это — важно очень!»

«Да уж о чём тут рассказывать?… Трудно то было, а сколько ошибок-то совершил — не перечесть!…

Тому ещё в первой моей обители монашеской начало было положено.

Первое такое Божие Промышление произошло, когда к человеку слепому вернулось зрение. Про то, что от меня тому содействие случилось, я тогда сам и не помышлял, не предполагал, что Сила Божия через тело это — выход получить может.

А слухи тогда разные пошли. Не только монахи, а и прихожане начали про то в преувеличении и фантазиях рассказывать…

Народ повалил за «чудесными избавлениями» от любой хвори…

А я сам как «слепой котёнок» тогда был, молился страстно, иногда сознание даже терял, Свет Божий порою видел… А почему иногда исцеление происходит, а в другой раз не происходит — не понимал. И не думал совсем о том. Лишь всю силу души старался вложить в молитвы. И не отказывал никому.

Полгода так прошло…

Потом болеть я начал сильно. Исцелившихся меньше и меньше становилось, а просящих исцеления — всё более и более.

Игумен наш вначале радовался, хотел меня святым объявить и монастырь тем прославить.

А после его хлопот о таком «причислении к лику» — ему, напротив, предписание пришло, что святости и достоверности в тех случаях выздоровлений не обнаружили, и потому выходит, что всё это — «козни нечистого»…

А меня из монастыря того прогнали.

В другие обители меня тоже не принимали, боялись… Слухами да «негласными указаниями свыше» всегда страна наша «славилась»…

А я так всё ещё и не понимал почти ничего про Силу Божию.

Шёл по земле я как странник с котомкой. Милостыни не просил. Когда еды не было — голодал, постом для себя это считал. Когда кого-то встречал в болезни — то всегда помочь пробовал, за то еду и кров принимал, соглашался.

В ту пору почти всегда на себя болезни брать стал... Вот исцелил хроменького, а сам неделю целую еле иду, так нога заболит... И другое всё — так же...

И, по недомыслию, это за великое благо почитал: что страдания на себя приемлю за других... Думал, что и можно, и правильно своей болью — чужой грех искупить...

Так чуть не умер тогда.

Подобрала меня женщина вдовая — в беспамятстве у реки лежащего. В дом свой из милости взяла, жить оставила.

У неё долго пролежал хворый.

Когда чуть-чуть поправился, то по хозяйству ей помогать стал.

Был тот период жизни моей особенный, светлый. Словно заново родился! К телу медленно силы возвращались. А любое дело в саду, в огороде, в хозяйстве — простое счастье приносило!

Может, так было оттого, что никогда не было у меня своей земли, своего дома. А тут — вроде хоть и не свой, но дом, где я нужен, земля, которая ухода просит... А может, оттого хорошо было, что каждое моё дело простое — радость той женщине приносило!...

По сию пору вспоминаю то добро, что от неё получил! В неоплатном долгу пред ней!...

Аглая, так её звали...

Любила она меня — такой любовью самоотверженной и бескорыстной, на которую бывают способны иногда именно женщины... Вроде бы и мыслей у них про Бога в такой их любви нет, но Бог Себя — в той любви являет с Ясностью и с Силой большой!

А в простых делах и словах её столько было подвига душевного, мудрости простой и любви, о себе не помнящей, — что до сих пор вспоминаю и учусь тому, как можно в неприметном труде людям помогать!

У неё сын был, Егорка, тринадцати лет. Парализован был уже три года: тогда на лесосеке деревом упавшим задело. Отца — насмерть, а у Егорки ноги отнялись.

Ни ходить, ни стоять не мог он совсем, сидеть только мог. Дома он ложки резал да расписывал, корзины плёл...

Хороший парнишка, добрый, смышлёный! Я его грамоте тогда учить стал, чтобы мог ещё и этим в помощь матери зарабатывать хоть понемногу.

Решил я остаться у Аглаи, пока Егорку на ноги не получится поставить. Верил, что Бог должен помочь...

А исцелить-то его — у меня не выходило никак! Не давал Бог это сделать, пока не вразумит меня о многом: о том, как через болезни и лекарю и больному учёба даётся, в которой помощь великая для душ обретается! О том также — как каждое событие происходящее не на одного только человека влияет, но на многих распространяется.

Было то время для меня поворотное, ибо стал постепенно Божий Голос слышать, разъяснения получать. Словно с самого детства всю жизнь свою пересмотрел с тем пониманием, которому Бог учил меня теперь через Слияние с Ним в сердечном горении.

Когда вразумил меня Бог о Силе Своей, о назначении исцелений телесных, о преображениях духовных, которые должны рука об руку с врачеванием недуга идти, — то вернулась способность Свет Духа Святого проводить сквозь тело.

Стал видеть, как, с тем Светом соединяясь, можно болезнь изгнать. Стал понимать: когда можно или нельзя исцелять, есть ли на то позволение от Бога.

Потом получилось исцелить Егорку. Не за один раз, а за много. Пришлось словно восстанавливать ручеёчки света, которые по телу струятся и живым его делают. Научился я тогда в этом Свете Духа Святого — тело больного видеть. И руками души научился действовать. И эти руки — они стали как бы только частично мои, а частично — Божии. И Сила для исцеления в Них только тогда есть, когда в Единстве со Светом Божиим душа пребывает.

Ещё многое тогда начал узнавать про приёмы вспомогательные, которые применять можно, если болезнь сразу чудесным образом убрать не позволительно. Например, как можно воде или настою на травах добавить Силы Светоносной. И — как с помощью таких настоев можно очень многое в теле поправить. Стал познавать и то, как вера человека в исцеление — на выздоровление повлиять может. Стал понимать, как исправление пороков души позволяет человеку изменить судьбу свою.

Так чуть было знахарем деревенским не стал!

Аглая очень просила меня остаться жить с ней — как мирянину: помаленьку да потихоньку счастье малое семейное слагать!

Был у меня тогда выбор, да я того не видел. Жизнь лишь монашескую для себя принимал.

Исцеление Егорки — это было всё, чем отблагодарить её смог. А для неё — то чудо было великое!

Отпустила она меня — по желанию моему — идти монашеской стезёй по жизни дальше.

Вот с той-то поры уже не вслепую, а по Воле Божией стал учиться всё совершать. Постранствовал ещё не мало. В каждый день учился у Бога!

Так и по сию пору учусь!

Потом в этот монастырь пришёл. Игнатий настоятелем уже был, принял по старой нашей дружбе ещё с семинарии.

Вот такая была история...»

* * *

Утром Виктор принёс Зосе прочитанные листы.

Отдал спокойно:

— После поговорим, если захочешь. Скоро извозчик приедет. Надо будет вещи грузить. Ты уже собралась? Я помогу отнести.

... Зося вложила листы в стопку и закрыла чемодан.

— Вот, бери, а это я сама донесу.

... Зося показала на небольшой саквояж: такой, какой обычно берут с собой на вызовы врачи — со всем необходимым для первой помощи.

— У тебя раньше не было такого, откуда он? — спросил Виктор.

— Был. Да только Наталья Владиславовна мне платье подарила, и теперь он в чемодан уже не вмещается.

— Так этот саквояж отдельно можно нести. Там что, как и положено, инструменты медицинские?

— Да. Это — моего папы. Он всегда с собой брал, даже не на вызовы, а на всякий случай: если вдруг кому-то помощь медицинская нужна будет.

— А ты что, и сама сможешь их использовать? Что — и операцию провести экстренную решишься?

— Не знаю... Я сама никогда не оперировала, да и права такого не имею пока... Но бывают случаи безвыходные, когда помогать непременно надо срочно. А лекарства, бинты, шприц — это уж точно смогу применить, если что.

... Они спустились вниз.

Пётр Яковлевич спросил:

— Не передумали уезжать, а то можно с хозяином ещё на месяц договориться? Без меня бы отдыхали!

— Нет! — ответил за всех Виктор. — Я бы лучше у тебя в клинике вместе со старшим курсом практику в этот месяц прошёл и заработал бы немного заодно.

... Виктор, ещё когда он поссорился с отцом, отказался брать у него деньги на жизнь. Несмотря на примирение, он не изменил эту свою позицию и пытался зарабатывать на все свои нужды сам.

Петру Яковлевичу понравилась идея, что Виктор будет рядом, под присмотром, да ещё и в клинике получит опыт работы.

Зося заколебалась между выбором: остаться — или тоже поработать этот месяц в клинике вместе с Виктором.

— Пётр Яковлевич, а можно и мне поработать санитаркой или сиделкой? Мне очень хотелось бы! Не привыкла я без больницы жить! Можно мне хотя бы просто уборку и уход за больными делать?

Ведь у меня ещё бумаги об образовании медицинском нет...

— Попробую это устроить под мою ответственность, — с нежностью посмотрел на Зосю профессор. Он уже мысленно видел Зосю будущей женой Виктора и очень желал такого исхода событий.

Практика в клинике

Работа в клинике была привычной и радостной для Зоси.

А ещё было очень здорово то, что Пётр Яковлевич разрешил ей присутствовать на ежедневных обходах всех больных — вместе со студентами и слушать о постановке диагнозов и ходе лечения пациентов.

И всё же, после времени, проведённого на просторах у моря, у Зоси возникло странное ощущение, что почти все люди вокруг живут в некой самоизоляции от Бога. И они именно сами закрывают себя от восприятия того мира Света и Любви, где жизнь с Богом является реальностью каждого дня.

Большинство людей, с которыми Зося общалась, — и больных, и врачей, и студентов — были людьми верующими, но они не ощущали Бога в их «ритуальной» вере. Многие из них каждый день читали молитвы, многие регулярно посещали храмы, но это не делало их лучше и не приближало к познанию Бога.

Раньше всё вокруг Зоси было таким же: и люди такие же, и их молитвы... Но это, почему-то, не удивляло её тогда.

А сейчас — так ярко открывшийся мир Света и жизни с Богом — словно разделил жизнь на две разных реальности. Причём реальность обыденная, в которой происходили все «земные» события, — очень сильно контрастировала с тем миром, где был Живой Бог!

Зося пыталась хоть немного «приоткрывать двери» между этими мирами, впустить в жизнь людей хоть немножко того Света и Радости, которые — вот тут, рядом всегда есть! Но люди обычно их не ощущают...

Пётр Яковлевич с удивлением наблюдал, как быстро менялось отношение к Зосе в клинике. За одну неделю из «девушки профессорского сынка» она стала незаменимым помощником и другом большинства пациентов и персонала больницы.

... Однажды он услышал, как она разговаривала с умирающим.

Зося говорила о смерти и о Боге так спокойно и радостно, словно разгоняла тучи страха и открывала возможность принятия сей неизбежности в глубоком покое. В том больном человеке произошли разительные перемены! Он ушёл из жизни без судорожного отчаянного страха, который сотрясал его весь последний месяц.

Пётр Яковлевич понимал, что Зося уже так делала в её прежней провинциальной больнице. Они беседовали об этом в прошедшие дни не раз. Но теперь он увидел такое собственными глазами.

И почти все больные в клинике теперь ждали, когда же Зося придёт убирать в их палату, покормит лежачих, поговорит со всеми...

* * *

Спустя две недели их с Виктором практики в клинике случилось одно важное для всех событие.

Виктор рано утром принёс на руках в больницу ребёнка — девочку. Ей было лет шесть или семь на вид. У неё был сильный жар. Одежда на ребёнке была грязная, нищенская, и из-за этого возникли серьёзные проблемы.

Пётр Яковлевич подошёл, будучи вызван санитаром. А Виктор почти кричал:

— Отец, вот оно — то, о чём я с тобой спорю! Где всё наше милосердие и помощь людям?!

Меня прогнали из приёмного покоя! Девочка может умереть прямо сейчас! А мне сказали, чтобы я ехал в Мариинскую больницу, где есть отделение для бедных, или в амбулаторию Александровских бараков. И — что в нашей клинике нет места для «грязных нищих», и что нам не нужны «зараза и карантин»! Отец, я её осмотрел и думаю, что это воспаление лёгких. Я готов сам оплатить её лечение!

— Не кипятись! Сейчас распоряжусь!

У ребёнка есть родители?

— Есть: мать, вдова, у неё ещё грудной ребёнок, она со мной не поехала...

— Иди в санитарный бокс. Сейчас пришлю твою Зосю, чтобы она всё сделала по гигиенической обработке и приду посмотреть девочку.

— Спасибо, папа!

— Ты тоже изволь принять меры, чтобы не подхватить какую-нибудь заразу!

... Потом Виктор рассказывал Зосе об этой девочке:

— Меня один из моих друзей попросил помочь ребёнку, зная, что я на врача учусь.

Девочку Надей зовут.

Я забрал её из ночлежки для бездомных.

Ты бы видела, что там творится! Это просто ужас! Те, кто говорят, что людей после смерти ждёт ад, — не видели ад в реальности! А он — прямо тут, рядом с нами!

Представляешь? — у её матери ещё и грудной младенец!... Самое страшное, что там всё это — болезни, грязь, преступления, смерти — норма, обыденность. Большинство уже не помнят другой жизни: она для них — в слишком далёком прошлом!

А мать этой девочки, похоже, там недавно оказалась. Видимо, волей какого-то трагического случая... Она полностью сломлена этим адом, и за жизнь своих детей уже перестала бороться...

... Зося слушала, не перебивая, потом сказала:

— Я останусь на ночь дежурить около девочки, если Пётр Яковлевич позволит. Состояние её — очень тяжёлое.

* * *

Зося оставалась ночевать в больнице и дежурила у Надиной постели. Она почти не спала. Иногда её сменял Виктор. Судьба этой девочки всколыхнула в нём нечто… глубинное, словно это была его маленькая сестрёнка или дочь.

Наконец, девочке стало немного лучше. Виктор сказал Зосе:

— Тебе сегодня надо пойти домой и как следует отдохнуть. Я провожу, а то ты уже на ногах не стоишь… Взять извозчика?

— Нет, давай пешком пройдёмся, внебольничным воздухом подышим…

… Сумерки. Теплый летний вечер.

Они шли и продолжали разговаривать. Виктор никак не мог сдержать себя:

— Ну вот — почему твой Бог позволяет умирать детям? За что так — ребёнку? За какие грехи? Разве это справедливо?

— Всё не просто по неким религиозным шаблонам происходит, Витя… Я сама про это не многое знаю, я скорее это ощущаю… Есть Справедливость и Любовь бо́льшие, чем то, что мы видим в этом мире! За всем происходящим здесь — там есть Бог, Его Любовь и Мудрость!

Я иногда ощущала тот мир Бога. Он — существует! Он — реальнее, чем всё, что мы *здесь* видим! Когда там побудешь, прикоснёшься к той Любви, то *здесь* всё кажется — как серый сон... Потом, когда возвращаешься в этот «сон», то снова к нему как бы привыкаешь. Моешь полы, меняешь бельё больным, говоришь с людьми... Но когда уже знаешь, что Бог есть Реальность, — то жить не страшно!

Хотя, трудно — конечно, бывает...

— И ты веришь, что, если Надя — невинный ребёнок, то она окажется в раю? Тогда, наверное, это было бы благом — не возвращаться в тот ад, в котором она оказалась вместе со своей матерью!

Но мы сейчас всеми силами сражаемся за то, чтобы она жила в этом мире! Мы хотим этого! Разве не так?

— Так... Жизнь — это возможность многому научиться, стать лучше... А решает то, когда и кому пора уходить отсюда, — только Бог! Мы — лишь инструменты в Его Руках, чтобы нести помощь, добро!

— Вот бы тебя поставить управлять этим миром! — пошутил Виктор.

— Помню, как о. Александр мне много про другие направления религии рассказывал; и везде жизнь человека в теле рассматривается лишь как краткий фрагмент от большого, цельного.

Есть такие направления религии, как, например, буддизм или индуизм, где утверждается, что люди много раз рождаются на Земле в новых телах, словно одежды меняют. Это — как будто для каждого наступает следующий день, и душа вновь рождается и принимает новое тело и новую судьбу.

И, если люди были грешниками, преступниками, то их судьбы в новых жизнях — тяжёлые, полные страданий. А если были добрыми, то и судьбы у них благополучные и счастливые.

— И ты веришь в это?

— Не знаю… Иногда думаю, что это могло бы быть правдой. Мне кажется, что это выглядит справедливым, если много раз даются шансы исправлять ошибки.

Но, если такого повторного шанса, то есть, новой жизни в теле, нет, — то тем более очень важно то, как мы проживём эту жизнь!

Старец Зосима мне говорил, что Бог для всех народов и для всех религий — один и единый! Но в каждом народе Его своим именем нарекли.

А вот пророки и Посланцы Божии у каждого народа — разные были. Их много было. И легенды о них — разные. Вот так много ветвей религии и получилось. Но это сути не меняет! Каждый человек-душа к Богу устремиться должен! Для этого приближения к Богу — ему жизнь и дана! Это и есть самое главное, что человек понять и осуществлять должен, пока живёт на Земле!

Вот в этом-то и можно было бы в первую очередь помогать людям!

Все же остальные блага: деньги, другие ценности, даже здоровье — это всё второстепенно!

… Зося замолчала… Несмотря на вдохновляющую её тему, сил говорить дальше у неё не было.

Виктор с тревогой посмотрел на неё:

— Ты прости, что я опять эти темы завёл! Хочешь, я тебя на руках понесу?

— Да что ты?! Справлюсь! Уже почти пришли!

… Но Виктор подхватил Зосю на руки. Она обняла его и опустила голову ему на плечо.

И было так хорошо на его сильных руках!…

* * *

Утром Наденьке стало намного хуже.

Пётр Яковлевич после осмотра сказал Виктору и Зосе:

— Это — конец! Мы — бессильны...

Зося, ты можешь побыть пока с Надей. От других обязанностей на сегодня ты свободна. Я знаю, что ты умеешь что-то очень важное для умирающих делать. Это на словах не объяснить...

...Зося много размышляла о смерти. Много видела смертей в больнице. Много читала слов старца Зосимы о том, как принять этот переход души в мир иной, многим сама помогала успокоиться перед приближением неизбежного конца жизни в теле...

И всё же, каждый раз, когда умирали дети, в Зосе поднималась боль и желание непременно это отвести, изменить.

Она вспомнила Зосиму: «Если бы старец был тут, он бы мог рассказать, можно ли помочь этой девочке, и, если можно, то как?»

... Наденька умирала. Она была ещё в сознании.

Зося закончила рассказывать ей сказку, и, чтобы сдержать подступившие слёзы, вышла во двор больницы. Только что прошёл дождик и выглянувшее из-за туч солнышко сияло невероятно ярко, искрясь в каждой капельке воды на ветвях деревьев в больничном саду.

Зося ощутила полное Бесконечной Любви Присутствие Божие, словно её охватили мягкие и тёплые Объятия самого Родного и Дорогого Друга.

Зося ясно и остро ощутила Безбрежную Любовь, обнимающую со всех сторон, ободряющую… — словно всё небо, вся прозрачная толща воздуха стали Его Объятиями.

И были в этом Присутствии Божием — Радостная Ласка, Забота! Пришло понимание, что всё происходит по Его Воле. Всё — правильно, хорошо! И не может быть иначе!

Эта Радость пропитывала пространство!

Каждая капелька лучилась как маленькое солнышко! На листьях деревьев, на кончиках травинок, на больничной ограде, на скамейках в каждом уголке сада — сияли в бессчётном количестве крошечные солнышки! Лучи Божественного Света лились потоками. В каждой самой мельчайшей частице пространства Зося ощущала Присутствие Великих Божественных Любви и Силы.

… Зося вернулась в палату.

Умирающая девочка открыла глаза и смотрела чуть удивлённо, как будто тоже увидела этот Великий Свет.

«Да будет Воля Твоя»! — звучали в пространстве слова. Это был «беззвучный звук», который слышат души.

Зося почти не видела предметы в палате, лишь прозрачные контуры, подобные мыльным пузырям. Зато Свет Божий — Живой, дающий жизнь всему — был повсюду!

Зося сосредоточила внимание на девочке. В теле ребёнка — словно ручейки весной — заструились вначале слабенькие, а потом всё более сильные Потоки этого Света. Всё тело девочки очистилось от серых липких энергий… Оно наполнилось Первозданным Светом!

Зося увидела это и потеряла сознание…

* * *

Пётр Яковлевич и Виктор вошли в палату умирающей девочки. Зося лежала на полу без сознания. Русая коса выбилась из-под косынки с красным крестом.

А Наденька сидела на кровати и звала на помощь.

Виктор подхватил Зосю на руки и отнёс в ординаторскую.

— Что с тобой? Что случилось?

— Сейчас пройдёт... Зато Наденька будет здорова! Получилось! Понимаешь?! Всё так произошло, как старец Зосима рассказывал! Бог может явить Себя и столь явно! — тихо прошептала, приходя в сознание, Зося.

... Когда на следующий день Пётр Яковлевич осматривал Наденьку, та сказала:

— Зосина сказка была настоящей! Всё исполнилось! Я теперь — здоровая! Бог приходил ко мне и вылечил!

... Врачам оставалось только разводить руками и говорить о *чуде* выздоровления.

О том, что это *чудо* может быть связано с Зосей, догадывались только Пётр Яковлевич и Виктор.

Но серьёзно оценить это они ещё не были готовы.

Ответственность пред Богом

Конечно же, Виктор расспрашивал Зосю о произошедшем исцелении девочки.

— Ты думаешь, что это ты исцелила Наденьку? Такое возможно? И — как?

— Нет, конечно, это — не я! Это — Бог!

… Зося рассказала немножко о том, что видела в тот день в больничном саду, что ощущала…

Виктор в этот раз слушал серьёзно и не возражал.

Он пытался своей исследовательской логикой оценить произошедшее. Но его логика… не справлялась…

… А Зося была такая нежная и прекрасная! И от неё исходила особая уверенность — прозрачная, невидимая, но, в то же время, наполненная силой.

Зося продолжала:

— Я раньше думала, что для исцеления кого-то нужно этого очень сильно хотеть, просить об этом Бога.

А с Надей — всё по-другому было… Я не просила. Я даже согласилась тогда с тем, что она уйти должна прямо теперь…

А потом Радость Божия всё затмила! И вся эта Его чудесная преображающая Сила сквозь меня прошла!… Я всё это видела, была свидетелем и, в то же время, была как бы Частью этой Силы.

Я не смогу сама это повторить. Это — Божия Воля так проявилась!

И то, что произошло, — оно не только для Наденьки нужно. Это — и для меня, и для тебя, и для папы твоего, и для мамы Наденькиной, и для её братика важно!

Это событие во многих людях перемены душевные произвести может. А вот произойдут те перемены или нет — это для каждого выбором будет.

А ещё я поняла, что, если сможем мы продолжить нести в мир тот Свет, что снизошёл, сумеем ту Божию Силу и дальше показывать людям, — то хорошо будет. И — научимся мы сами многому!

Это очень важно, что на нас ответственность теперь лежит за Наденьку, за её будущее. Мы обязательно должны помочь Надиной маме! Хотя это, конечно, не просто...

Но, если Наденька вернётся в тот ад, о котором ты рассказывал, к матери, которая пребывает в отчаянии на грани самоубийства, то мало окажется пользы от выздоровления девочки.

— Отец уже немного помог: дал денег, чтобы и снять комнату и на хозяйство на первое время. Я не возражал, взял, обрадовался даже и уже сделал необходимое! Так что девочке сейчас есть куда возвращаться.

— Да, это очень хорошо, но это ведь всё — временно.

Посмотри: скольким нищим дают подаяние, но это — слабая помощь: от этого только нищих больше становится!

Нужно в самом человеке, в душе, нечто вылечить, чтобы человек перестал ощущать себя несчастным, просящим или безнадёжно отчаявшимся. Напротив, надо, чтобы он сам смог и о себе, и о других заботу иметь!

Пойдём посмотрим сегодня воспитательные дома, приюты и богадельни. Может быть, где-то согласятся взять Надину маму на работу по уходу за детьми или за стариками...

— Вряд ли, с двумя-то детьми...

— Да, не просто будет... Но, если мы сможем найти приют детский, чтобы ей позволили там работать и детям там жить, то это будет достаточно надёжным решением на текущее время... Попробуем! Наденька мне говорила, что ей мама книжки читала и азбуке учила. Может быть, получится...

* * *

В тот день они обошли много благотворительных заведений для вдов, для инвалидов, для сирот. Но договориться нигде не получалось.

Детей-сирот могли бы взять в приюты, но мать с детьми никому, оказалось, не нужна.

Виктор был возмущён:

— Вся эта благотворительность — лишь «капля в море», фарс! Столько несчастных! А тут — лишь пару десятков человек облагодетельствовали, а до остальных — им нет дела!

Ведь все эти приюты, работные дома и богадельни — это такая малая частичка того, что должно бы быть сделано! Несколько богачей жертвуют крохи от своих доходов и помогают лишь единицам из тысяч!

Все эти благие дела — показные, словно свечку в церкви поставили: чтобы им грехи простились!

— Думаю, что лучше спасти хоть несколько человек, чем не пытаться помочь никому. Мы с тобой ведь тоже только одной Наденьке взялись помочь, а не всем, кого ты в той ночлежке увидел.

— Это — пока! Но я обязательно буду делать всё для того, чтобы для всех тех несчастных, пребывающих «на дне общества», — изменить жизнь! Это — моя цель!

— Да, это хорошо...

Но сейчас нам нужно что-то придумать для Надиной мамы. Важно, чтобы она на ноги встала сама, потом — чтобы деток выучила. Может быть, ещё что-то она умеет делать: шить, вышивать, ну... чтобы на дому работать?

— Не знаю. Завтра Надю выписывают. Поедем, отвезём девочку и на месте всё посмотрим, поговорим. Лучше — ты с ней побеседуй: с тобой все люди открываются и говорят искренне!

* * *

Они приехали.

Наденька — в новом платье и башмачках — ощущала себя не только здоровой, но и совершенно счастливой! Её радость распространялась вокруг!

После долгих объятий с мамой Наденька начала рассказывать:

— Мама, мамонька! Я — Бога видела! Он меня вылечил! И теперь — точно всё хорошо будет! Я стану тебе помогать с Ванечкой! Я теперь — как Зося буду: трудолюбивая и добрая! Мама, Зося — это вот! Познакомься! Она меня лечила и сказки рассказывала!

Наденька потянула Зосю за руку к своей маме.

— Ирина Сергеевна, — тихим голосом представилась женщина.

…Мама Нади была очень худа и бледна, на глазах из-за волнения блестели слёзы…

Наденька пошла показывать Вите братика Ванечку.

Зося предложила им прогуляться с малышом, а они с Ириной Сергеевной остались вдвоём, чтобы поговорить.

— Спасибо Вам, Зося! Можно мне Вас так называть?

Не знаю, как благодарить вас всех за милосердие ваше!

…Надина мама со слезами на глазах бросилась целовать Зосе руки…

— Ну что Вы такое делаете, Ирина Сергеевна! — Зося обняла её и удерживала некоторое время в покое своей сердечной любви: в неком пространстве, которое всегда незримо, но ощущаемо было вокруг Зоси.

Потом случился откровенный разговор. Ирина Сергеевна сказала:

— Не знаю, как дальше жить, как детей поднять… Самое ужасное, что я одна во всём этом виновата… И в нищете нашей, и в болезни Наденькиной... Выгорело всё внутри!... Отец Надин меня давно бросил. Но тогда ещё я перебивалась кое-как: уроки музыки и рисования давала, грамоте детей учила. Не в богатых домах, но всё же...

А младшенький — это ведь снасильничали меня..., по глупости моей...

Понимаю, что дитя не виновато, а внутри — всё пусто... И Наденька, наверное, оттого и заболела, что я словно умершая уже стала. И верить, и любить — разучилась!... Сама просила Бога, чтобы Он всех нас отсюда забрал!... Ведь, когда Ванечка родился, то мне везде и в работе, и в помощи отказали... Это Господь меня наказывает за грехи мои...

— Вы не вините себя, Иринушка! Теперь — всё иначе будет!

... Потом они обсуждали то, что Ирина Сергеевна умела и могла бы делать...

Успокоить Надину маму и дать ей надежду — у Зоси получилось. Теперь нужно было помочь эту надежду реализовать.

* * *

На следующий день они с Виктором продолжили свои поиски работы для Надиной мамы.

Их практика в клинике уже закончилась, а до начала учебных занятий было всего два дня.

Но пока не было ни одного места, где бы их обнадёжили.

… Виктор и Зося выслушали очередной вежливый отказ. У них в списке осталось всего два места.

Когда они уже спускались по лестнице к выходу, им навстречу поднималась изысканно одетая молодая красавица.

Зося вдруг узнала её. Зося с ней слегка познакомилась в свой первый день при поступлении в институт. Они тогда почти не общались. Зося тогда спросила о порядке подачи документов, девушка ответила, а потом назвала своё имя и пожелала Зосе успеха на экзамене. Это было всё их знакомство…

Красавица шла уверенно, с ней раскланялись с огромным почтением две работницы приюта, проходившие мимо со стопками постельного белья.

Зося решилась и поздоровалась:

— Ольга? Это Вы? Здравствуйте!

… Понимая, что её не вспомнили, Зося сказала:

— Вы, наверное, меня не помните, мы вместе в институт медицинский документы подавали.

... Ольга действительно не вспомнила, но улыбнулась приветливо и доброжелательно:

— Вы сюда проведать кого-то из детей приходили?

— Нет, мы женщину с детьми хотели сюда на работу устроить, но не вышло: отказали...

— А что за женщина? Родственница ваша?

... Виктор догадался, что эта знатная и красивая девушка, скорее всего, из попечительского совета благотворителей сего приюта, и он решил использовать шанс:

— Нет, у неё дочка в клинике у моего отца лечилась. Вот мы и пытаемся помочь. Она не просто нянечкой могла бы быть, она могла бы даже преподавать для младших детей...

— Пойдёмте, попробуем это всё устроить. У меня есть некоторое влияние в этом заведении.

... Результат превзошёл все их ожидания! Приют во многом содержался на средства, которые жертвовала эта молодая и богатая красавица. Поэтому, конечно же, всё было быстро улажено.

Виктор и Зося благодарили Ольгу от всего сердца. Они тепло попрощались.

— Скоро занятия начинаются, увидимся! И с Вами, Виктор, мне будет приятно ещё когда-нибудь встретиться!

* * *

Когда они расстались с Ольгой, Виктор обнял Зосю, приподнял и закружил, не смущаясь, что проходящие по улице люди оборачивались и улыбались.

— Ты что, сумасшедший? Ну отпусти же! Прохожих вон напугал!

— Пусть все смотрят! Пусть все видят, какая ты у меня необыкновенная и прекрасная!

… Виктор опустил на землю смеющуюся Зосю и сказал:

— Ты — волшебница, моя Зося! Как у тебя всё получается? Опять скажешь, что это — Бог делает?

— Во-первых, это не у меня, а у нас всё получилось!

А про Бога… Ты же сам уже можешь ощущать, что, если что-то делаешь для людей доброе и правильное, — то это и для Бога ты делаешь!

И тогда — словно Сила особенная тебя нежно несёт и направляет! Можно научиться даже воспринимать то, как тебя направляют: например, куда тебе идти нужно, или когда пора что-то сделать. У меня в жизни много раз так бывало — когда эту Помощь ощущаешь явственно. Словно сами-собой приходят слова нужные, которые сказать надо, или понимание того, кому и как помочь лучше.

А иногда ощущаешь, наоборот, что это говорить или делать совсем не следует.

Всё такое называют интуицией...

А если не послушаться этого внутреннего понимания, словно как бы «предчувствия», — то всё плохо выходит. У меня так бывало. Если только рассуждала умом, то получалось, в итоге, — плохо...

Старец Зосима говорил, что так Святой Дух учит нас Волю Божию понимать!

И понимание это легко приходит, когда душа любовью полна, когда теплотой и светом, которые внутри, — с другими поделиться хочется!

А если человек или боится, или выгоду себе высчитывает: как положение высокое занять, как соперника своего оттеснить, или другое что, от самости идущее, — то это понимание глубокое и заботливое приходить не будет!

Тогда, наоборот, мысли приходят скользкие и гадкие о выгоде для себя, которая — в ущерб другим. И вот такие грязные мысли, если они вдруг приходят, их нужно научиться отгонять. Такие мысли могут страхом быть порождаемы, а могут и от самости происходить.

Когда я маленькая была, то старец Зосима научил меня, что страх и самость — они как два зверя злых, которые нападают на совесть с противоположенных сторон. Если послушаться страха или самости, то совесть... спрячется. А если на пороки эти посмотреть решительно и не поддаться, то приходит от Бога помощь, чтобы их одолеть.

Но часто люди не обращают внимания на голос совести, который внутри. И рассуждения, которые в уме они выстраивают, не сверяют они с любовью сердечной. От этого много заблуждений у людей бывает о том, что хорошо, а что плохо, где правда, а где ложь...

— Ну ты — философ!

— И что плохого в этом? Любовь к мудрости — это же хорошо!

И ведь мудрость без любви — невозможна!

А если теории о преобразованиях в обществе лишь логикой выстраивать, то в них тоже могут быть опасные ошибки.

Витя, это важно очень: мы — в ответе за тех, кому помогаем, мы — в ответе за то, что хотим принести в этот мир, мы — в ответе даже за то, как мы думаем! Мы — в ответе за всё это — пред Богом!

И мы также — в ответе за то, как сами живём, для чего и что выбираем в этой жизни...

Если пред Богом этот выбор совершается, то тогда легче выбирать.

А если думать, что Бога нет, — тогда, как сформулировал Достоевский, «всё дозволено!»...

Ответственность за свою жизнь мы, всё равно, несём, понимаем мы то или нет... И лучше бы — понимать!

— Ну вот, теперь ты решила на мои убеждения напасть! Ты мне «заплатишь» за такие рассуждения: я тебе принесу почитать книги моих любимых философов — и тогда

ты мне все их ошибки расскажешь! — отшутился Виктор.

Ольга

Начались занятия в институте.

Зосе нравилось учиться. Учёба теперь стала занимать большую часть её времени.

А ещё в жизни Зоси появилась Ольга — та самая девушка, которая помогла им в приюте для сирот. Со временем они стали близкими подругами.

Ольга была происхождением из знатной и богатой дворянской семьи. Жила она отдельно от родителей уже несколько лет.

Ольга выделялась среди других студенток яркой внешней красотой всего облика, подчёркиваемой умением одеваться изысканно и в то же время просто. Она блистала широкими познаниями во многих сферах жизни и гибкостью ума, позволявшими ей быть в учёбе всегда среди первых. Она была талантлива во многом: прекрасно рисовала, слагала стихи и прозу, знала очень многое о литературе и искусстве.

Ольга обычно оказывалась в центре внимания в любой компании: она всегда умела заинтересовать слушателей своими высказываниями, и сама при этом умела также выслушать других искренне и со вниманием.

Зося поначалу не предполагала, что она может быть хоть чем-то интересна Ольге и совсем не рассчитывала стать её подругой.

Студентки института увлекались не только новостями медицинской науки. Они часто обсуждали многие темы, волновавшие интеллигенцию столицы.

В один из дней после занятий несколько девушек, собравшихся вокруг Ольги, обсуждали возможность и необходимость внедрения в народ как можно шире не только медицинских знаний, но и искусства. Затем их разговор перешёл на товарищество передвижных художников, созданное в своё время как раз для цели проповеди искусства. Ольга высказала своё убеждение о том, что после смерти Крамского идеи движения теперь быстро угасают, что там остался один лишь великий художник Репин. Девушки продолжали говорить о значимости отдельных произведений искусства и об их воздействии на умы людей.

Разговор перешёл на картину Крамского «Христос в пустыне». Зосе было очень интересно, что думают студентки об Иисусе, о Его Миссии на Земле. Она внимательно слушала мнения однокурсниц, но сама не высказывала суждений.

Она вдруг ощутила себя необразованной провинциалкой, потому что никогда не видела этой картины.

После беседы девушки распрощались до завтра.

Ольга некоторое время продолжала идти рядом с Зосей. Когда они остались лишь вдвоём, она вдруг спросила:

— Отчего ты сегодня молчала, Зося? Это ведь — «твоя тема»! И почему ты — грустная?

... Зося ответила:

— Я не видела эту картину Крамского...

— Вот уж, сударыня моя, нашла из-за чего печалиться!

Не знать что-либо — это вовсе не стыдно! Печально — это не хотеть знать, не хотеть учиться!

Давай в свободные от учёбы дни поедем в Москву и сходим в Третьяковскую галерею! Я для всех наших, желающих поехать, куплю билеты.

— Это же так дорого!... Мне каждый раз представляется, скольким людям на такие деньги можно было бы помочь... даже хоть в твоём детском приюте, и стыдно становится на себя тратить...

— Ну ведь не хлебом единым человек жить должен! Картины, книги — для того и создаются, чтобы и для души у людей пища тоже была!

Ну вот что: раз Москва у нас пока откладывается, то тогда прямо сейчас пойдём ко мне, я тебе покажу фотографию этой картины.

... Они пришли к Ольге домой.

Зося долго разглядывала раскрашенную фотографическую репродукцию картины Крамского. Облик Иисуса не мог оставить равнодушной...

— Да, в этой картине словно все думы о нынешнем времени нашли выражение... Такие сила и трагизм!

Картина — замечательная! Возле неё многие люди о своём жизненном пути, о своём выборе того, для чего и как жить, — задуматься могут... Хотят ли и готовы ли они жертвовать собой ради других людей? Способны ли на подвиг духовный?

... Потом они пили чай. Ольга показывала журналы о современном искусстве.

Они говорили ещё о многом.

Ольга рассказала, что сама брала уроки живописи и увлекалась рисованием.

Потом она даже показала свои работы. Зосе они очень понравились:

— Ты так здорово рисуешь! Ты ведь могла бы стать художником!

— Да, и рисую, и писательством ещё увлекалась... Но когда задумалась о том, где больше пользы людям смогу принести, то выбрала медицину. Если в художественном творчестве или литературе реальную пользу обществу приносят лишь настоящие гении, то в медицине даже просто сестра милосердия — это жизнь, посвящённая добру! Разве не так?

— Так.

... Потом Ольга немного рассказала о своём увлечении «толстовством», о своих попытках следовать этому учению в жизни.

— Под влиянием Льва Николаевича Толстого я попробовала заняться улучшением положения крестьян. Преуспела не слишком. Всё это — не моё оказалось.

Наверное, можно *заставлять* себя заниматься тем, что тебе не приносит удовлетворения, — но лишь только потому, что это хорошо, правильно... Но я так не смогла. Жизнь в деревне мне стала скучна́. Надеюсь, что от моих преобразований там хоть какая-то польза для людей осталась... Школа для детишек пока работает. Правда, там всего двенадцать учеников разного возраста. Больше никому это оказалось не нужно. А преподаёт там безнадёжно влюблённый в меня учитель. Только поэтому всё это ещё не развалилось.

Когда я уехала из деревни, то стала брать уроки живописи. Рисовать мне очень нравилось. И сейчас нравится.

— А я мало про искусство знаю. У меня отец доктором был, и под его руководством — целая больница. Вот я в этой больнице и росла.

А ещё в монастыре нашем старец был — Зосима.

— Как у Достоевского?

— Да, похоже... Наверное, когда гениальные люди что-то описывают или изображают, то Бог им помогает постепенно увидеть все оттенки Истины.

А потом меня обучал многому ученик старца о. Александр. Он — человек образованный, много книг выписывал для библиотеки монастырской. Мне он давал читать то, что считал важным для меня. А ещё он немного записывал рассказы старца Зосимы, слова его... Он мне отдал эти записи. Нынешним летом я отпечатала. Если когда-нибудь захочешь, то принесу тебе прочитать. Может быть, ты тоже книгу напишешь, как Толстой или Достоевский?

— Нет, даже пытаться не стану... Надо — гением быть, чтобы книги писать! А я — не гений, а так — не совсем бездарность!

* * *

Теперь Ольга и Зося много времени проводили вместе.

Ольга рассказывала Зосе об интересных художниках и писателях, о новых течениях в искусстве. Она давала Зосе читать книги и журналы из своей библиотеки.

Для Зоси приоткрылась ещё одна яркая грань мира, в которой по-особому прекрасно преломлялся Божий Свет, — словно луч солнечный высвечивал на время что-то важное для людей.

Но не все знаменитые картины производили хорошее впечатление на Зосю. Она, не смущаясь, искренне рассказывала Ольге своё понимание сути увиденного.

Ольге нравились эта прямота и честность в суждениях Зоси. Ведь большинство людей вокруг — всего лишь следовало модным веяниям, почерпнутым из журналов и разговоров...

Иногда Зося в беседах с Ольгой осторожно касалась самых сокровенных тем: о Боге, о Силе Святого Духа. Она находила в Ольге внимательного слушателя.

Ольга не была глубоко религиозна, но ей это было интересно.

Она задумывалась о смысле жизни человека и пробовала искать этот смысл.

Беседы с Зосей об этом ей были важны ещё и по причине возможности высказать вслух свои размышления:

— Для чего всё здесь с нами происходит? Для чего — вся наша жизнь? Для чего — радости и печали, взлёты и падения? Творчество, например, — для чего?

Мне одно время казалось, что для меня искусство — это выход, это спасение от бессмыслицы жизни!

Но потом поняла, что никому не нужно такое самовыражение не слишком талантливой девицы двадцати пяти лет от роду. И все восторги, и комплименты от большинства моих поклонников-мужчин нужны были им лишь для того, чтобы ухаживать за мной, чтобы жениться на мне.

Светские вечера, балы, потом семья, дети… Что ли мы — женщины — должны обрести смысл жизни лишь в материнстве?

Но я ещё не встретила того человека, с которым хотела бы прожить всю жизнь, растить детей…

А если и не встречу никогда?

Вот — медицина… Мне показалось, что жизнь врача даёт шанс приносить реальную пользу людям!

— Мне кажется, — продолжила разговор Зося, — что познание Бога и взаимная любовь с Ним представляют смысл жизни человека. Мне сложно это словами выразить… Но когда ты — в объятьях с Богом, то ясность наступает и становится понятно: что имеет смысл совершать, то есть, от чего есть польза Ему и людям, а от чего — лишь зло… Может быть, это — самонадеянно так думать: что можно понимать Волю Божию… Но, когда это — не просто личное думанье, а когда Бог в сердце, то понимание всего приходит — такое чистое, родное!

И даже если в твоих поступках нет великой роли для всего человечества, а только скромный труд на пользу людям, то это может счастьем наполнять каждый день!

Это — потому, что счастьем нас наполняет Бог, когда Его Любовь и любовь к Нему — соединяются! Вот тогда — наступает счастье!

Когда душа с Богом обнимается, то счастье невероятное происходит! Даже — если события в материальной жизни не слишком хороши...

А если ушло ощущение Присутствия Божиего, хоть даже всё в жизни, вроде бы, хорошо, благополучно, — то внутри пустота ощущается и такая ненужность во всём! Эту пустоту люди часто удовольствиями всякими глупыми пытаются заполнить...

— Ты рассуждаешь про Бога, как про близкого человека, который всегда рядом и любит тебя...

У меня так не получается воспринимать Бога. Я знаю, что Бог есть! Верую, молюсь... Но это — отдельно ото всей остальной моей жизни получается! Мы — здесь, а Бог — далеко... И будто нет Ему дела до бед и страданий человеческих и до того, как о Нём рассуждают, как трактуют люди Божью Правду...

К примеру, сейчас с именем Бога одни проповедники, вроде Георгия Гапона, призывают фабричных рабочих к революционным преобразованиям, другие — проклинают любые прогрессивные идеи и обратить всех людей хотят в фанатичное, тупое, средневековое верование. Вот — Льва Николаевича Толстого от церкви публично отлучили… И опять — есть те, кто «за», и те, кто «против»!

И получается, что каждый человек по своему разумению верует. И есть такие проповедники, кто за собой целые толпы увлекают — и эти толпы готовы друг на друга кидаться в борьбе «за истинную веру»…

* * *

Зося в те дни много размышляла о том, почему она не может донести своё ощущение и понимание Бога до Виктора, до Ольги, до других людей? Думала и о том, возможно ли подарить им то счастье жизни с Богом, с которым сама так часто соприкасается.

Да и нужно ли стремиться непременно к этому?

И имею ли я право кого-то учить?

Да и как научить другого тому, что тебе так явно, а ему — совсем не видно и не понятно?

Читала она вновь и вновь слова старца Зосимы:

«Об Отклике Бога, о Помощи от Бога — нужно нам будет многое понять!

Когда Бог помогает — а когда не вмешивается в дела людские?

Бог ведь не всегда отвечает человеку волнами Своей Любви, Блаженства! Он отвечает так только тем, кто верно устремились именно к Нему!

… Есть сокровенное общение души и Творца.

Поначалу это может быть краткое озарение, пронзительное ощущение и понимание реальности Силы и Любви Божией!

Это создаётся Светом, указующим направление и в жизни земной, и в жизни духовной.

Ощущение Присутствия Бога, Божий Отклик, Божий Ответ — вот то, что важно помочь ощутить человеку хоть на недолго! Когда уже душа познала Бога хотя бы в этой начальной мере — тогда может начаться истинная духовная жизнь!

Этот всплеск любви к Богу и Отклик Любви Божией — важны очень! Тогда — человек может восхотеть к Богу реально устремиться! И Богу легко помогать такой душе!

Но бывает и так, что ощутил такое человек, а после забыл… Словно спрятал под спуд сокровище бесценное и память о нём потерял. И без пользы лежит то сокровенное… А человек живёт, как прежде, словно и не было ничего от Бога…

И ещё бывает другое. Вроде человек — во внешнем — для Бога как бы живёт, а в реальности он от людей почтения ищет за то, как обряды творит, как пост держит, как славы в службе своей сыскать намерен и самость свою тем питает.

И вместо любви развивается в человеке самость — внешне весьма малоприметная. Вроде бы и сам человек собой доволен, и другие его хвалят и почитают… Но Богу Живому в его жизни места не сыскать. То — печально… Вроде бы Богу угождать хочет такой человек, думает, что выше других поднялся в жизни духовной… А сам — вовсе без Бога живёт!

Без любви — всё мёртво, фальшиво… В Евангелиях таких людей фарисеями называли. Но и ныне — всё так же…

Многим теперь бы такие слова нужно было бы услышать. Но отчего-то не слушают они и уж тем более не понимают их суть…

Одни оттого не приемлют Учение Бога, что простое посещение храмов в дни праздничные считают достаточным, чтобы себя христианами ощутить и твёрдо веровать в собственное грядущее «спасение».

А есть теперь и другие, которые и вовсе отринули веру в бытие Бога — вместе с обрядами из-за неразумности веры в обряды и из-за корыстности помышлений отдельных служителей церковных… И таких неверующих всё больше становится!

Сколько святых и пророков говорили те слова, что и я сейчас говорю!

Может, чуть по-разному к каждому Постигшему понимание о Боге и Единстве Жизни в Царствии Небесном приходило, и слова немного различаться могут. Но смысл в глубине за словами теми — единый!

Пока не войдёт Истина в понимание, в осознание душой, — пользы не много от духовных усилий… Остаются слова мудрые — словно зёрна, которые в руках держишь, а в почву души они ещё не вошли и — не проросли, не укоренились ещё…

Есть слова правильные — но жить по словам тем не получается...

Должны слова те проникнуть вовнутрь — и стать пониманием. А после стать — и того более — опытом души! Тогда появляется у тебя Знание духовное, которое от тебя никто не отнимет, которое никто уже не поколеблет!

Великое счастье охватывает, когда Бог тебе понимание об Истине дарует! И кажется, что уже до самой глубины всё понял!

Но жить по такому разумению ещё не всегда получается...

Между пониманием и умением жить в Единстве — ещё целая пропасть лежит! И много труда нужно приложить, чтобы через ту пропасть мостик свой соорудить, чтобы со стороны, где подвижник понимание от Бога получает, — перейти на ту сторону, где вся жизнь — с Богом в Единстве!

Через ту пропасть подвижник переход выстраивает из опыта своего. И только по своему такому мостику опыта духовного — можно перебраться *на ту сторону*, где жизнь с Богом в Единстве проистекает, и где всё — по Воле Его, и всё — в Согласии с Ним!

Тогда — и Сила, и Любовь проявляются Богом чрез него. Но — когда это потребно Ему.

А когда не следует вмешиваться — в покое пребывает Великая Сила.»

Четверо друзей

Зося, конечно же, рассказала Виктору об Ольге:

— Я подружилась с Ольгой с нашего курса. Помнишь? — мы в приюте её встретили. Потрясающая девушка! Давай мы вместе в это воскресенье погуляем!

— Это та красотка из попечительского совета? И не боишься, что я в неё влюблюсь? Ладно, шучу! Давай я приглашу Дениса, друга моего по академии, помнишь его? Вместе и пойдём гулять.

— Договорились!

... Денис был из семьи потомственных моряков. Отец Дениса погиб во время русско-турецкой войны, когда Денису не было и года. Его брат, Сергей, был сильно старше и уже давно служил во флоте. Дениса же не взяли в Морской кадетский корпус по состоянию здоровья. Всё это стало для него импульсом к выбору медицины как профессии. Он решил, что — пусть как врач — но он обязательно будет служить на море!

Общая беседа таких различных по своим взглядам молодых людей в тот день зашла о будущем России, о том, как следует улучшать жизнь людей.

Ольга спросила:

— Вот Вы, Виктор, каким представляете будущее после вашей революции?

— Оля, а давайте «на ты» все перейдём!

— Хорошо!

— Так вот, Оля, наше дело — дать свободу угнетённым классам. А дальше — народ сам решит, как свою жизнь устраивать! И, я уверен, хорошо решит!

— Народ — это всего лишь слово… А за ним — отдельные люди! И эти люди — такие разные! И ведь так сложно найти согласие даже между теми, кто хотят дать свободу и права всем гражданам страны!

Даже между нами понимание о благе для людей будет различным!

Вот я, когда Льва Николаевича Толстого много и с увлечением читала, то решила крестьянам помочь: школу попробовала для детей организовать и ещё многое пыталась изменить… И вот, что я поняла, Витя: что я стараюсь улучшать жизнь тех людей, о которых очень мало понимания имею! Не знаю их желаний, их устремлений и традиций!... Я поняла, что пытаюсь изменить то, о чём ничего толком не знаю!

Все те мои попытки — одной только сельской школой и закончились... И ходят туда всего-то 10 детей и двое взрослых. А более — школа эта никому оказалась не нужна! Правда, она пока ещё работает...

... Ольга рассмеялась с печалью и затем продолжила:

— Уж больно вдохновенный юноша там попался, которому я жалованье плачу. И ведь даже если перестану платить — он с голоду умирать станет, а будет детей учить! Может быть, именно ему-то и есть больше всего пользы от этой школы!

Вот вы с Зосей приют детский видели. Барышни там с женских курсов работают... Эмансипация... Но пользы — много меньше, чем задумывалось! И если бы не деньги большие, что я им плачу, то и вовсе ничего бы не вышло!

— Вот в том то и беда, что все такие дела — это подачки от богатых — нищим! А когда все граждане равны будут, то всё станет иначе! — сказал Виктор.

— И что: не будет умных и глупых, добрых и жадных, трудолюбивых и лентяев?

И ведь не только революционеры думают о том, как можно пользу людям приносить! Вот, к примеру, я сейчас верю, что через медицину я сама эту пользу, пусть не большую, но реальную, приносить стану. Здесь всё понятно: от врачей — точно польза есть!

… Виктор улыбнулся:

— Тут вам с Зосей — ещё беседовать и беседовать! Она думает, что от помощи телу без помощи душе — пользы совсем не много! И — что самое главное в жизни — это преображение той самой невидимой души!

— А я вот, представьте, Витя, соглашусь с Зосей!

Мне очень повезло в жизни, что я Зосю встретила! Теперь я и про веру в бытие Бога, и про смирение, и про себя саму очень многое поняла!

В Зосе есть те чистота и простота, до которых нам расти и расти! А может быть, не расти, а очищаться, обнажать сокровенное и подлинное в душе!

… Зося хотела остановить Ольгу, но та продолжила:

— Ты молчи, Зося: я сейчас правду говорю! Когда я ещё решусь такое сказать?!

Вся моя начитанность, интеллигентность — ничто перед такой чистотой! Это — как в притче Толстого о трёх старцах. Пока мудрствующий рассуждает о том, как надо правильно молиться и поучает всех — они, те старцы, взявшись за руки, идут по морю как посуху... Вот так — Зося живёт! Она — словно прозрачная пред Богом!

Потому я и думаю, что нам всем очень даже полезно вместе с ней быть, взяться и держаться за руки! Может, тогда не упадём, не оступимся в этой жизни, найдём верную дорогу, научимся тому, что открывает Бог — лишь чистым сердцами!

Вот я, например, рядом с Зосей многое о себе поняла. О гордости своей, о желаниях своих...

Во мне всегда, с детства, было стремление «быть хорошей», да не просто хорошей, а «лучше всех»! Ну — чтобы меня все любили, восхищались мной!...

Раньше в себе я это лишь иногда замечала. И когда даже замечала — тогда лишь внешне старалась то спрятать.

Не на показ надо добро делать, а в тайне совершать, не хвалиться сделанным!

Но, всё равно, внутри я всегда хотела, чтобы все восхищались моими делами!

Конечно, радость, когда помогла кому-то, — очень большая всегда и была, и есть! Эта радость — она настоящая, правильная!

Но внутри меня и гордость тоже ещё остаётся. Тáк вот и живу, зная о себе то, что другим не всегда видно… Но от себя-то — правду не спрячешь!

Получается, что я большее удовлетворение получаю от благодарности людей или от их восхищения, чем от Божией Радости за дела добра, которые совершать стараюсь…

А увидела я это именно рядом с Зосей! И это мне важно очень! И важно, что сейчас вам об этом сказать могу! А прежде стыдно было даже самой себе в таком признаться!

Я теперь понимаю, что художником или писателем я не захотела стать не только из-за увлечения медициной, но и из-за этой самой гордости: ведь лучшей среди людей искусства не сумела бы стать!

… Зося не выдержала:

— Ну ты совсем меня захвалила, Оленька!

Однако, друзья, такое, как Оля о себе понять и вслух сказать смогла, — это как исповедь самых первых христиан получилась! Та́к — сейчас очень немногие люди хотят и могут поступать, то есть, когда внутри человека — лжи самооправдательной совсем не остаётся!

… В этот день только Денис оставался молчаливым. Было не сложно догадаться, что он очарован Ольгой. Зарождающаяся влюблённость лишила его всякого желания рассуждать о преобразованиях в обществе или об очищении души! Ольга его заворожила — и красотой, и умом, и открытостью, и смелостью в речах!

* * *

… В дальнейшем четверо друзей собирались все вместе не раз.

Разговоры велись о будущем России, о том, как сделать умных, добрых и талантливых людей — теми, кто направляют развитие общества, как сделать доступным образование и культуру всему народу, как преодолеть социальное неравенство, бесправие и несвободу в государственном устройстве. Говорили и о медицине. Говорили и о вере в бытие Бога, и о том, нужна ли религия людям? Они не ссорились и не спорили, а высказывали свои суждения, чтобы соединить лучшие идеи и создать — хотя бы в мыслях — проект того общества, в котором будут гармония и справедливость.

Зима пролетела быстро. Весна, майское тепло и солнце манили проводить свободное от занятий время на природе.

Однажды Ольга предложила:

— Давайте в следующий раз пойдём в парк на Елагин остров! Там лодки есть, можно взять покататься по каналам и прудам. Очень красиво там!

Тут неожиданно Денис предложил:

— Давайте лучше к нам на дачу на Крестовском острове поедем! Это совсем там рядом! И красота — та же самая будет! У нас домик, правда, не большой, скромный совсем, а не усадьба. Зато есть лодка своя, хорошая! Можно на вёслах, а можно и парус поставить и даже в залив выйти! Меня брат научил с детства многому. Только нужно у него позволения спросить и ключи взять.

… Зося очень обрадовалась такой перспективе! Вспомнила летние дни, проведённые у моря, и ту особенно яркую близость с Богом, которую тогда познала.

Она много размышляла о том, как подарить своим друзьям вот такие прикосновения к реальности Божественного Мира. Она иногда пробовала об этом говорить, но пока — большее не получалось.

Часто Зося возвращалась к записям и перечитывала слова Зосимы:

«Любовь человечья должна быть внимательная, бережная и деятельная!

Любовь без внимания и бережения к тем, кого любим, будет то́ проявлять, что *тебе самому* кажется для них добром и благом. Когда же мы чутки и внимательны к ближнему, то оказываем ту помощь, которая ему *в самом деле* нужна.

Любовь же, в делах не проявляемая, — это лишь зародыш любви подлинной, действенной.

Но не всегда материальные деяния есть проявление любви деятельной. Любовь может быть и в недеянии, в молчании, когда это потребно.

Любовь деятельна в том, чтобы Божию Волю не только воспринять, но и осуществить в жизни!

Не стыдись восторга сердца своего — пред Необъятностью Любви Божией!

Не прячь веру свою — пред другими, кои не веруют!

Но и не выказывай себя верующим — чтобы устыдить кого-то или унизить!

Пусть любовь твоя к Богу будет естественна и неизменна, как дыхание, которое нельзя прекратить без прекращения самой жизни телесной!

И обереги себя от склонности к унынию!

Научись веселье сердца — радость тихую — в себе поддерживать неизменно!

У этой радости есть одна причина — Бог!

Это ощущение живой связи с Богом и есть способ в печаль не впадать и в сердце радость хранить!

Миру нужна любовь — устойчивая, безусловная! Чем больше мы привнесём её в мир — тем краше!

Беспокойств и раздоров — тут хватает с избытком! А любви и покоя — не хватает! Если мы сами живём в любви, то одним этим делаем сей мир чуточку лучше. Одно это — уже служением Богу можно посчитать!

Если вообразить, что хоть половина людей в покое и любви всё время пребывали бы — как бы было прекрасно жить в таком мире!

Бог — не в теориях преобразования мира…

Свобода во внешнем — то есть, чтобы делать всё, что хочется, — она невозможна в обществе! И даже опасным может быть стремление к такой свободе!

А свобода внутренняя — она пусть будет достигнута!

Она есть свойство Духа, Который знает Высшее, — и потому ничто земное Его не связывает. Кто это не испытал, тот ещё блуждает в потёмках страданий. А кто познал — тот живёт в Свете Любви и Мудрости!

Бог — это Всё! Он — везде!

Бог — это Жизнь во всём: и здесь в мирском, и за пределом жизни земной!

Бог — всё превосходит Своей Беспредельностью!

Душе — в Свете Духа Святого — это без всяких слов ясно становится! И понимание приходит, что мы есть частички Жизни Божественной! *Там* — мы познаем, что мы — не крупицы отдельные, а часть Божественного Целого, Которое в каждом из нас проявлено может быть!

И *Там* Жизнь — радостная, полная Любви, Вечная!

А в мире материи — мы просто очищение и преображение душ проходим, чтобы выучиться любви бескорыстной, настоящей, от Бога исходящей! И тогда — Свет, Радость, Красота — всё это прямо тут в нашей жизни проявляется!»

… Зося закрыла тетрадь старца Зосимы и мысленно обратилась к нему:

— Как можно помочь тем, кто совсем ещё не ощутили Любовь Божию? Как помочь тем, кто веруют только по привычке от воспитания, или тем, кто вовсе без Бога любовь и правду хотят в жизни вершить?

… Пространство вокруг Зоси вдруг стало особенным, словно каждая капелька Любви вдруг излучать Сияние начала. А потом Зося увидела лицо старца Зосимы. Лицо было не чёткое, а как бы сложился облик из Прозрачности и чуть колеблющегося Света. А взгляд старца был живой, и смотрели ласково глаза Зосимы прямо в душу. И слова его тогда приходить стали. Они как бы изнутри рождались:

«Тишина! Тишине научить надо! Помнишь, как я тебя учил тишину слушать? А после —

тишину сердечную находить всегда, и жить в ней?

А без этого — сколько слов ни говори — всё Бог далеко будет!

Тишина полная и глубокая, в которой ум погрузился в Любовь и затих, — вот что тем людям покажи!

А уж захотят ли они познать Бога в сей тишине — то есть выбор каждого. Сей выбор свободен у каждого человека, и никто не в праве это отменить.

Бог каждому человеку даёт шанс приблизиться к Себе!

Учась сему, можно ощутить Любовь Божию, Тишину Божию — как дыхание. Вдыхаешь Тишину — и выдыхаешь Тишину, будто воздух прозрачный!

Она — внутри и вовне, в каждой клеточке тела и во всём вокруг на всю просторность мира Божественного, Которому нет границ!

В каждом существе: и в тебе, и в деревцах, и в птичках, и в цветочках, и в травинках — есть Божия Сила, Которая всё живым делает!

Вспомни, чем тело мёртвое и бездыханное отлично от тела живого — спящего, например...

Лишь душа — очистившаяся и развитая — способна видеть Божию Жизнь во всём. Видеть так — это реально!»

Тишина

На дачу друзья собрались заехать с вечера, чтобы проснуться ещё до рассвета и встретить восход солнца.

Сергей, брат Дениса, уже ждал их у дачи. Морская форма ему очень шла. Он был высок ростом, строен и широкоплеч, красив лицом и удивительно приятен — и всем своим обликом, и душой. Последнее было намного важнее красоты внешней. Он словно охватывал своим вниманием и заботой сразу всех тех людей, с которыми был рядом.

Сергей был для Дениса во многом вместо отца.

Сергей отдал Денису ключи и сказал, что проверил лодку: она в порядке, не протекает. Потом он весьма строго просил Дениса дать обещание, что в залив они одни, без него, выходить не будут.

Он оглядел компанию ещё раз и, обращаясь к Ольге и Зосе, произнёс:

— На вас, сударыни, — вся моя надежда! Вы сможете удержать этих юношей от необдуманных поступков и не позволите им вас всех утопить!

... Ольга изобразила, что отдаёт честь:

— Слушаюсь, Ваше высокоблагородие!

... Все смеялись.

— Отужинаете с нами, Сергей?

— Нет, не обессудьте, тороплюсь: служба!

Но, когда вы все сдадите экзамены за этот год, то мы можем вместе выйти в море под парусом, чтобы отметить это событие где-нибудь на берегу Финского залива.

... Ольга проводила Сергея заворожённым взглядом.

После они расположились в просто обставленной гостиной у камина.

Денис, словно оправдываясь, сказал, что Сергей, который на двенадцать лет старше, был ему всю жизнь вместо отца и потому по привычке так сильно опекает и заботится о безопасности.

Стали пить чай и ужинать привезёнными с собой пирогами.

Виктор немного пошутил о том, что пироги — опять с капустой и с яблоками!

Это было потому, что хоть Ольга уже и отошла от активности в движении толстовцев, но в жизни следовала многим его идеям, в том числе, правилам «безубойного» питания, как его назвал Лев Николаевич.

Уже вскоре после первого знакомства Ольга рассказала друзьям об этом: о том, как она сама для себя пришла к пониманию необходимости перехода на вегетарианство.

Ольга всегда говорила просто и в то же время проникновенно и уверенно. Она не пыталась обидеть тех, кто были с ней не согласны. Она ни с кем не спорила. Она просто своим ярким примером утверждала, что вегетарианство — это хорошо!

Не убивать и не употреблять в пищу тела животных, которые ощущают боль, страдают, — это ведь так правильно и мудро!

Прежде Зося знала, что старец Зосима, например, мясное никогда не вкушал. Он был весьма строг в своём питании. Хотя, конечно, Зосима питался не только снытью и яблоками из монастырского сада.

Он также — по количеству — сверх необходимого телу для жизни редко что себе позволял, и то лишь для того, чтобы не обидеть кого-то, дары принёсшего.

Зосима никогда специально никого к такой строгой постной жизни не призывал. Но говорил, бывало, что ежели человек прежде душу питает, а лишь после — тело, то это — хорошо. А если главная забота состоит в том, чтобы есть да пить, а после уж о Боге человек вспоминает, — то не близок тогда Бог ему. «Так в жизни всегда получается, — говорил он: — что на первом месте у человека в помышлениях и делах, то и рядом с ним».

Зося тоже сама с детских лет мясное не могла есть: не принимал организм — и всё тут! Родители её беспокоились о здоровье девочки, но старец Зосима их успокоил: «Не переживайте: хорошо у неё всё со здоровьем! Так — Бог для её блага управил! Примите то — и не заставляйте!».

… Ну и вот теперь, объединившись, Ольга и Зося завели за правило в их совместных прогулках брать с собой лишь приятную всем еду. Бывали у них пироги с грибами, с капустой, с яблоками, с вишней. Бывали и ватрушки, сыр и яйца, свежий хлеб с маслом.

Юноши возмущались этим рационом только в шутку, так как всё было весьма и весьма вкусно и вполне сытно!

Вино они тоже не пили, чай и ягодные морсы устраивали всех! О вреде или пользе вина, о водке и о самогоне, о пьянстве, как беде для всего русского народа, — друзья много меж собой рассуждали. Они решили для себя, что им не следует пить спиртное совсем — для того, чтобы быть хорошим примером для других.

* * *

В тот вечер бесед они не вели и легли спать уже вскоре после ужина.

Встали — до рассвета, который в майскую пору на севере страны был весьма ранним.

В устье Невы разветвляющиеся рукава реки и каналы образовывают много уютных мест.

Утро выдалось туманное. До этого несколько дней стояла почти летняя жара, а ночи были прохладными.

… В безветрии — туман сделал всё волшебно завораживающим!

Нежное утро пробуждало природную красоту! Первые зелёные листочки, молодые травинки, цветы по берегам — они радовали! Всё это отражалось в зеркальной глади воды, удваивая сию красоту!

Пение птиц подчёркивало удивительную тишину!

Сейчас почти все люди пока ещё спали и не мешали гармонии природы своим шумом.

… Лодка скользила по воде, были слышны лишь тихие всплески вёсел…

Ольга любовалась восторженно:

— Сказочная красота! Спасибо тебе, Денис!

… Виктор тоже проникся:

— Да, редко такое увидишь! Повезло нам сегодня с погодой!

… Зося прошептала:

— А тишина-то какая! Попробуем её слушать!…

И даже дышать этой тишиной можно! Она — словно растворяет в себе! И тогда эти деревья, цветы, травинки, птицы и мы все тоже — лишь крошечные частички этой красоты и тишины!

… Юноши перестали грести.

Тишина охватила всех собой и погрузила в удивительный мир безграничного покоя…

Зося ощутила, что она сама стала этой огромной прозрачной тишиной, в которой пребывает всё… И она теперь может взять на ладони души — вместе с Богом — берег с поющими птахами, с деревьями, с цветами, также водную гладь с туманом... И может она их — как деток малых — нежно-нежно ласкать!...

... Солнце постепенно согревало пространство. Туман рассеялся поднявшимся лёгким ветерком.

Они пристали у берега, где не было дач, и достали корзинки с провизией. Перекусили.

Ольга поделилась впечатлениями:

— Эти красота и тишина сегодня... — слов не подобрать, как здорово!

Все мои способности к восторгу — они из моей юности, когда я красотой восхищалась и представляла, как её можно изобразить на картине, или обдумывала, какими бы словами её описа́ть.

А сегодня я словно стала сама — как деревце с лопающимися почками, с прорезывающимися зелёными листочками!

В этой тишине — я как бы проросла сама!

Или, наоборот, тишина в меня проникла до самой глубины...

Даже все мысли остановились!

И — просто есть моя жизнь тут, вместе со всеми другими существами на равных!

... Зося продолжила тему, тихо и медленно произнося слова:

— Такое состояние ещё исихией называют. Это — когда внутреннее безмолвие наступает и душа пред Богом в этой тишине сердечной распускается. В этой тишине можно Бога ощутить и понять, что Бог от нас, людей, хочет: и от каждого из нас в отдельности, и от всего человечества.

Сколь же нелепыми и противоестественными в такой тишине представляются злоба, насилие, войны между людьми!

Тишина может служить очистителем для мыслей наших.

И — словно увидишь в ней всё, как оно есть на самом деле, и поймёшь: что — хорошо, что — дурно.

… После небольшой паузы Зося продолжила:

— Вот — мы в микроскоп смотрим на клеточки, изучаем их.

Но знают ли сами клеточки организма, зачем они живут, зачем делятся, множатся, отчего в свой час погибают?

Но в жизни человека они свою необходимую роль играют.

Думается мне, что и люди все в Мироздании — так же, как те клеточки, своё назначение имеют, свою задачу.

И, если понимает капелька, что она есть частица океана, то всё иначе для неё становится!

Это есть то, про что Иисус объяснял: Я и Отец Мой — Одно!

А ведь к этому нам всем заповедано стремиться!

И вот, если научиться вместе с Богом на всё смотреть, — то будет приходить понимание общее, целостное. Смысл всего происходящего яснее тогда становится! И помощь людям легче будет приносить — разумную помощь!

Ведь, чтобы даже просто другого человека понять, — нужно уметь себя на его место поставить, ощутить, что он думает, как видит сей мир.

Чтобы полюбить ближнего своего, как себя или даже более, чем себя, — надо уметь понимать его до глубины! А иначе — никак!...

Вот так же — и с Богом. Ведь, чтобы по Божией Воле жить, — нужно учиться понимать, как именно Он каждую конкретную ситуацию видит, как судьбу каждого человека планирует. И всё, что с тем человеком связано, нужно попытаться ощутить. А это — вначале — не просто!

И попробовать можно и на себя, и на других людей, и на весь мир посмотреть Глазами Бога.

В детстве мне часто представлялось, что Бог на меня смотрит...

Иногда я так играла даже: воображала, что напротив меня, например, Сам Иисус сидит. И я говорила Ему. А после — пыталась представить, что Он мне ответил, пыталась на себя глазами Иисуса смотреть. Это старец Зосима мне так про исповедь объяснил. А я после так часто делать стала. Иногда мне даже казалось, что воображаемый мною Иисус — оживает... Это было так чудесно, счастье охватывало!...

Наверное, я путано объясняю. Не научилась ещё о таком понятно говорить!

— Всё у тебя получается, Зося! Ты, когда говоришь, — то словно мир Божественный приоткрывается! И понимание приходит! Видимо и ощущаемо становится то, о чём ты рассказываешь!

Но это — твоё... Нам в этот твой мир самим пока не войти. Не впускают, видно, ещё! Словно стена стеклянная! — задумчиво произнесла Ольга.

— А что делать тем, у кого души нет? Как нам, несчастным, красотой восхищаться, тишину слушать, людям помогать? — попробовал сострить Виктор.

Но его шутка не показалась друзьям уместной.

То особенное состояние безграничности тишины и покоя, красоты и блаженной весенней неги — ещё не отпускало, не давало возвратиться полностью в мир обыденности. Слишком прекрасно было всё вокруг!

А Бог, пронизывающий Собою Своё Творение, Присутствием незримым и Любовью обнимал и тех, кто ощущают Его, и тех, кто Его ещё не видят и не слышат.

Тёмная тень

Скоро должны были начаться курсовые экзамены, и Зося серьёзно готовились к ним. Она повторяла всё пройденное в институте за этот год. Но пока на первом курсе у них была лишь теория. Зосе иногда даже казалось, что она забывает то, что умела делать в практической медицине прежде.

Она уже приняла твёрдое решение, что на лето поедет домой и будет работать в «своей» больнице. Предвкушала, как обрадуется мама, сколько всего нужно будет рассказать о. Александру. Зося, конечно, регулярно посылала им подробные письма о своей жизни, но ведь так — всего не расскажешь!

Ещё Зося мечтала о том, что пригласит к себе домой в гости Виктора, Ольгу, Дениса, познакомит их с о. Александром. Она уже говорила об этом друзьям, но пока все ещё раздумывали о своих планах.

* * *

Зося хотела практически осваивать то, о чём читала у старца Зосимы. Она даже выписывала себе в отдельную тетрадь все рекомендации, которые, как ей казалось, могут помочь ей в будущем лечить больных. Думала и о том, как может быть развита — для диагностики и лечения — способность видеть душой органы внутри тела больного. Много размышляла также о том, как не навредить душе, когда совершаются исцеления тела.

Например, объяснения старца о. Александру о ясновидении — её всегда воодушевляли, словно указывали на огромные возможности, развивать которые она так мечтала:

«Перенеси взгляд в руки души — и смотри! Это позволяет многое увидеть!

Можно, в том числе, меж своих ладоней что-то рассмотреть внимательно, это позволяет словно приблизить, увеличить то, что хочешь увидеть в теле другого человека.

Всё можно в деталях рассмотреть: как и что в человеке устроено, как работает, где и что вдруг перестало работать.

А если словно издали на человека посмотреть — вместе с Богом, с Его Взглядом соединившись, — то бывает, что и прошлое того человека понятно становится, и возможное будущее открывается.

Будущее — оно обычно представляется как многие дорожки и тропки различные. Если хороший выбор человек сделает после беседы и исцеления — то ровной и прямой дорожка судьбы может стать. А если будет дурно поступать человек, если забудет те уроки, которые через болезнь или иные страдания принял, и вновь грешить себе всё более станет позволять, — тогда словно кривой тропиночкой, от Света Божиего уводящей, становится его судьба. И поначалу в ней ямы да препятствия различные появляются, чтобы одумался человек и на верную дорогу вернулся.

А после — разное может быть...

Может погрязнуть человек в скорбях иль злобе, а может и иное горькое случиться...

Бывает так, что человеку кажется, что злые дела ему успех приносят, что выгода ему будет от замыслов нечистых. И доволен собой и жизнью своей делается такой заблудший! Это печальное тогда́ бывает, когда отступает на время Бог от человека, упорствующего во грехах, позволяет ему совершить свой выбор ошибочный. Встаёт человек такой на тёмную сторону, позволяет злу в себе восторжествовать! Таких людей остановить весьма не просто. Они уж и голос совести перестали слышать, и Божьего наказания не боятся уже, и Божией Радости о себе не мыслят даже... А печальнее всего — это когда в том выборе ложном «правоту» и уверенность обретают они, верным свой выбор почитают, других к такому же призывают!

Когда один человек, к примеру, грех убийства замыслит — то страшно ему, и совесть его криком кричит, как ни пытается он голос совести своей не слышать. А вот если много людей вместе собрались и «за правое дело», «за веру» или по указке руководителя, ими почитаемого, убийства замыслят — то уже и не страшно им. Ни Бога не стыдятся они, ни совесть их не мучает: ведь рядом такие же, как они, — и то уверенность даёт ложную...

Хорошо бы успевать предупредить человека прежде, чем он на путь зла встанет... Очень сложно остановить тех, кто во зле уже укоренились!

Казалось бы, как всё это к лечению относится? К чему такие рассуждения? А вот — самое прямейшее отношение имеет понимание судьбы человека, зависящей от его решений!

И если освобождению души ото зла мы не помогаем, то и лечение — не на пользу, даже если тело поправить удалось.

И ещё помнить надо, что люди меж собой судьбами связаны, причём многие — крепко весьма! И то событие, которое с одним человеком происходит, — на многих других повлиять может.

Исцеляешь, к примеру, тело одного человека, а пользу много бо́льшую это приносит другим людям, чем самому тому человеку. Например, родным его или людям близким, или совсем даже посторонним людям, которые видят сие.

А бывает ещё, что совсем мало осознанности в человеке. Понимание в нём о Боге, о добре — совсем слабое, и выборы его в жизни — как бы случайные. Словно слепой — такой человек на ощупь душой свой путь ищет: тут больно, тут не больно, тут приятно, тут тяжко, тут спокойно, а тут страшно… А осознанно очищение души принять не готов такой человек.

В таких случаях, когда понимание в душе ещё в зародыше, то нужно давать очень простые напутствия о том, как хорошо сделать. Подробно надо объяснить, как и из-за чего плохо будет! И сказать надо с такою уверенностью, чтобы об этом долго человек помнил! Тогда есть надежда, что остережётся такой человек от зла, к праведности устремиться будет пытаться. И, по возможности, веру и любовь такого человека надо направить в доброе русло. Тогда и тело подлечить легко получится.

Ещё про воду и настои можно знать, что это — самое простое средство воздействия на тела. Особо удобно сие использовать для людей маловерных, которым нужно что-то обязательно вещественное дать, чтобы им приятно сие было. Например — микстуру или порошок.

И вода, и масла жидкие — легко могут часть исцеляющей силы перенести в теле к больным органам и тканям.

Ещё важна вера больного. Когда вера мала, то нужны те слова и действия подбирать, которые веру в нём укрепят, понимания добавят, от страха смерти перенаправят на выздоровление.

Слова должны быть просты и понятны. Говорить следует уверенно и спокойно. Тогда спокойствие — и больному передаётся.»

… Зося пыталась учиться смотреть душой, но видеть всё внутри тел в подробностях, как старец Зосима объяснял, пока у неё не получалось. И судьбы людей тоже не открывались ей.

Только иногда всё словно сжималось внутри, когда близкие люди собирались поступить нехорошо.

Был лишь один тот удивительный случай с девочкой Наденькой, но тогда она сама специально ничего не делала. Бог всё показывал и совершал, а Зося лишь наблюдала, как сквозь неё Сила Божия проливалась.

Для практики целительной — у Зоси пока было очень мало возможностей. Она иногда пробовала тренироваться впускать через телесные руки Божий Свет. И ей казалось, когда Свет тёк сквозь руки, что так — любую боль, любую болезнь у другого человека убрать можно.

Она пробовала несколько раз головную боль у однокурсниц так лечить. Получалось…

Но Зося была не удовлетворена своими попытками: «Снять головную боль — это ж — пустяк!…

Но вот уже целый учебный год прошёл, а столь мало, чему научилась!…»

* * *

В один из дней Зосе приснился удивительный сон.

Много-много Святых Духов, из Света Живого состоящих, вокруг большого стола собралось и готовят тесто, хлеб испечь собираются, чтобы всех людей тем Святым Хлебом причастить: то есть, сделать причастными к Жизни Божественной.

И Зося тоже изо всех сил хочет в этом поучаствовать, помочь Им в Их Работе. Но она мала ещё, и до стола ей не достать. Она даже на цыпочки пытается встать, но всё равно не дотянуться!…

Тогда те Святые Духи в сияющих белых одеждах Зосю со всех сторон окружили. И она себя Их Глазами увидела со всех сторон одновременно. И так интересно сделалось, словно в центре круга она исчезла, и только со всех сторон в то место, где прежде она была, смотреть можно стало.

И тогда ей всё стало видно: и на том столе, и в той комнате, и за пределами... И прозрачное пространство позволяло быть везде и видеть всё, и всё понимать вместе со Святыми Духами, Которые её учили...

Затем те Святые Светоносные Духи сказали ей ласково: «Не спеши: всё — хорошо, всё — правильно идёт, придёт и твой черёд, доченька!»

... А потом та блаженная картина исчезла, свет во сне вдруг сделался холодным, тусклым. А стол стал не для хлеба, а... операционным, и на нём — тело в крови...

* * *

Резкий звонок в дверь посреди ночи разбудил Зосю.

Она открыла.

На пороге стоял Виктор. Он был бледен, взволнован. Одет был в какой-то нелепый пиджак с чужого плеча. На рукаве была кровь.

— Можно, я войду?

— Конечно! Что случилось? Ты ранен?

... Зося почти втолкнула Виктора в прихожую и закрыла за ним дверь.

— Это не я ранен... Прости, что впутываю тебя! Мне очень нужна твоя помощь: твои инструменты для операции! Мой товарищ серьёзно ранен. Действовать нужно срочно! Его ищут, поэтому в больницу нельзя...

— А твой отец?

— Он — вызовет полицию и скажет, что в тюрьме есть врачи...

— Ты хочешь сам оперировать?

— Да. Выбора нет. Он просто умрёт, если не использовать сейчас шанс спасти его жизнь!

... Зося собралась через пару минут: одетая и с саквояжем в руке.

— Я поеду с тобой, буду тебе ассистировать!

— Тебе нельзя! Нас могут арестовать!

— Значит — пусть арестуют!...

— Тогда ты скажешь, что я принудил тебя силой! Обещаешь?

— Нет. Я не умею врать! Поехали! Вот, куртку надень: пиджак твой — в крови!

... Они взяли извозчика.

Когда сошли в рабочем квартале, прошли через несколько проходных дворов.

В комнате, где лежал раненый, были ещё заплаканная женщина и двое мужчин. Было темно и душно. Раненый мужчина был без сознания.

Зося начала готовить всё к операции. Она давала указания спокойно и чётко: как сделать свет возможно ярче, куда положить больного. Попросила принести чистой кипячёной воды, чтобы мыть руки.

Виктор очень нервничал. Он никогда прежде сам не оперировал, только на практике в клинике несколько раз ассистировал на операциях.

Зося взяла его руки в свои на несколько секунд, словно вливая уверенность и силу:

— Всё будет хорошо! Ты — справишься!

… Она мысленно позвала на помощь старца Зосиму. Отклик из Мира Света пришёл сразу. Стало тихо и спокойно внутри, словно время стало течь с другой скоростью.

Несколько раз, когда Виктор был в нерешительности и не знал, как действовать дальше, Зося подсказывала ему, что и как нужно делать. Она видела сейчас именно так, как Зосима объяснял: где пуля, какие мышцы и сосуды повреждены…

Пулю извлекли. Рана оказалась не очень опасной. Важные жизненные органы не были задеты. Всё прошло благополучно.

Зося подошла к женщине, которая, вероятно, была женой раненого, сказала, что теперь всё будет хорошо, и стала подробно объяснять, как нужно дальше ухаживать за больным, как и когда менять повязки...

Женщина благодарила сквозь слёзы, говорила, что сам Бог послал помощь.

Её прервал один из мужчин, брат раненого:

— Хватит говорить глупости! Причём тут Бог? Это — товарищи студенты хорошо операцию сделали!

... Зося очень внимательно посмотрела ему в глаза, словно в глубину души заглянула, и произнесла:

— Она права: Бог сейчас спас жизнь этому человеку. Мы только пулю извлекли. А жизнь продлил — Бог! И важно, как теперь ваш товарищ дальше жить станет, *для чего* выздоровеет.

... Второй мужчина подошёл и тронул её за плечо.

— Вам пора уходить: опасно!

...Он дал Виктору пистолет. Виктор взял его в ладонь привычным движением.

Зося сказала:

— Витя, верни, пожалуйста, оружие! Ты — врач!

— А если жандармы? Так надо для вашей безопасности! — сказал товарищ Виктора.

— Нет, не надо! Витя, если ты боишься, то я пойду домой одна!

... Зося взяла свой саквояж и пошла к дверям.

Виктор сунул пистолет обратно в руку мужчины и догнал Зосю.

Они долго шли молча по ночным улицам.

Эта ситуация с пистолетом словно перечеркнула главное хорошее, правильное в их отношениях...

Виктор сделал усилие и прервал молчание:

— Спасибо тебе! Один я бы не справился!... Прости, что втянул тебя в это! Больше такое не повторится!...

... Зося кивнула, потом спросила о другом:

— А ты бы мог стрелять в полицейского, если бы нас преследовали? Ты уже убивал людей?

— Нет, что ты, Зосенька?! Оружие — это так, на всякий случай!

— На какой случай? Когда выполняющий свои обязанности человек-полицейский скажет тебе: «Стоять! Вы арестованы!»? А у него, может быть, жена, дети маленькие? И ведь вины на нём никакой нет! Ты это понимаешь?...

— Ты просто не знаешь, не понимаешь... По-другому революцию не сделать! Это же — для блага всего народа, для всех людей нашей страны!...

— Ты раньше говорил: «мы — не убийцы-террористы»...

— Да, и сейчас так говорю!...

... Зося больше не сказала ни слова... Молчал и Виктор.

Словно тень тёмная вдруг легла... И не отогнать её...

Поездка на залив

С той ночи Зося не видела Виктора и не знала теперь, как с ним дальше общаться. Делать вид, что ничего не случилось? Пытаться отговорить его от участия в сходках с его товарищами и «подготовке революции»? Но это невозможно: ведь он так искренне верит в праведность и справедливость всего, ими задуманного! А ведь своё понимание в чужую голову не вложить!

Экзамены всеми друзьями были сданы и весьма успешно. Денис пригласил поехать отметить сие событие на берегу Финского залива. Его брат Сергей, как и обещал, готов был выйти с ними под парусом. Все согласились и наметили дату.

※ ※ ※

Погода выдалась солнечная и тёплая, ветер был попутным и не сильным. Сергей сидел на руле и с одобрением наблюдал, как Денис управляется с парусом.

Когда вышли в залив, ветер стал немного сильнее. Лодка легко и уверенно скользила по небольшим волнам.

… Это было раннее утро. Было ощущение свободы от расстилавшегося перед их взорами морского простора! Словно крылья расправлялись и можно было парить душой, подобно белокрылым чайкам, сопровождавшим лодку.

Миновали застроенные деревянными дачами береговые поселения.

Ольга попросила Сергея:

— Расскажите нам о себе! Денис почти ничего не рассказывал о Вас. А мы тут друг про друга уже всё почти знаем.

— Да что обо мне говорить? Море, служба — вот и вся моя жизнь. О море я с детства мечтал, грезил парусами, хотел, как великие наши мореплаватели в кругосветку на паруснике пойти, увидеть весь мир...

Но кругосветное плавание для меня так пока и не состоялось.

Правда, на практике мы ходили три месяца под парусами по Балтийскому морю — здорово было!... А теперь — вот уже третий год броненосцем командую.

Служба, учения... Моя «железная посудина», как это ни странно, «приросла к сердцу». Мой корабль, моя команда — всех как семью ощущаю!... Вот так и живу... А про вас всех мне Денис много рассказывал. Так что мне кажется, что я каждого из вас уже хорошо знаю!

... Причалили в устье небольшой речушки, впадающей в залив.

Песчаный пляж рядом с ними был небольшим, дальше в обе стороны берег был каменистый. Ходить по камням было весьма неудобно, но зато огромные гранитные глыбы, возвышающиеся над водой, и сосны на берегу — так красиво гармонировали!

Сосны были высокие и сильные, эти деревья выдержали на своём веку многие суровые шторма с моря.

Путешественники обустроили стоянку: положили плоские камни и на них — выброшенные когда-то на берег волнами широкие доски. Получились удобные скамейки.

Ветер почти совсем стих, словно домчал их и потом, исполнив должное, лишь чуть-чуть шелестел листвой небольших осинок и покачивал ветви могучих сосен.

Ольга с Сергеем пошли вдоль берега, чтобы собрать сухих дров для костра. Они ушли весьма далеко, беседуя меж собой.

Когда они возвратились, Ольга сияла от счастья! Она подбежала к одной из высоких отдельно стоящих на берегу сосен, обхватила её руками.

— Посмотрите: какая красавица! Она уже здесь росла, когда никого из нас на свете не было! И, быть может, когда нас здесь не будет, она всё ещё будет тут стоять и любоваться морем!

… Ольга обнимала ствол и прижималась к нему нежно щекой. Потом она замерла надолго, ощущая, как высоко в ветвях чуть заметный ласковый ветерок гладит хвою и шишки.

Зося подошла, встала рядом и погладила ладонями золотистый ствол сосны.

Они долго стояли так втроём, обнявшись, — две девушки и сосна…

Ольга задумчиво произнесла:

— Вот где — про твою исихию нужно объяснять! Деревья — они знают внутреннюю глубинную тишину! Они её хранят, и они могут научить людей многому!…

… Денис немного переживал, наблюдая, как Ольга почти не сводит глаз с Сергея. Он старался делать вид, что ему всё это не важно. Но у него не получалось.

… Сделали небольшой костёр и в котелке заварили чай. Перекусили привезёнными с собой припасами.

Решили, что проведут ночь у костра и вернутся в город только на следующий день.

Виктор был молчалив, смотрел на Зосю словно украдкой, пытался понять, как им теперь дальше быть вместе. Думал о том, что ему обязательно нужно поговорить с ней…

Предложил сам:

— Зося, пойдём и мы с тобой прогуляемся, а заодно и за дровами: костёр нам нужен будет на всю ночь.

— Пойдём...

... Некоторое время они шли молча.

Потом Виктор произнёс:

— Отец уже давно хочет, чтобы мы с тобой поженились, он мечтает об этом.

Ты ведь знаешь, что я тебя люблю... До сих пор я молчал об этом только из-за перспективы всех тех сложностей, которым может подвергнуться жена революционера. Если меня арестуют, то тебе и врачом могут не позволить стать.

Я очень хочу, чтобы ты была счастлива, я не должен ничем тебе повредить... Но так выходит, что рядом со мной и находиться-то становится опасным... И всё же, я очень хотел бы, чтобы мы были вместе!

Но, так же, как ты никогда не откажешься от своего Бога, я не могу отказаться от моих идей, моих мечтаний о благе для всех людей. Это — как часть меня самого!

Ты согласишься любить меня такого, как есть, быть со мной? Ты хочешь быть моей женой?

— Витя, ты всё правильно говоришь... Всё — сложно! Я люблю тебя... Но мы — слишком разные. И жизни наши словно текут сейчас в разных направлениях. Дело не в опасности — я не боюсь... Но я не могу стать твоей женой! Во всяком случае сейчас — это невозможно!... Да, вот ещё: помнишь, я приглашала всех на лето к себе в родительский дом? Ты уже решил? Поедешь?

— Да, решил. Я не смогу поехать.

... Виктор помрачнел. Все точки в их отношениях были расставлены.

Они вернулись к костру с охапками сухих сучьев.

... Закат над морским простором был удивительно красив!

Все долго любовались игрой красок на вечернем небе.

Приготовили в лодке удобное место, чтобы, если кто-то устанет и захочет подремать, — то можно было бы лечь. К костру принесли пледы, чтобы было теплее.

... С заходом солнца стало прохладно. А у костра было уютно, спокойно.

Ночь словно растворяла все дневные сложности жизни. Был только костёр в прозрачных сумерках северной летней ночи. Искры взмывали и затем гасли в выси.

Ольга задумчиво произнесла:

— Вот так и мы, как эти искорки, вспыхнули на секундочку в прозрачном покое вечности вселенной — и угаснем... А что будет после смерти тел? Рай? Никто ведь толком не знает правды! Вот — мы любили, горели идеями, к чему-то стремились, что-то пытались совершить в этих жизнях. Что со всем этим будет после нас?

И как там — «за перевалом» — на самом деле?

... Виктор сказал серьёзно:

— Об этом лучше всего у Зоси спросить, она туда пробовала заглядывать.

Она даже со своим старцем Зосимой иногда разговаривать и сейчас может.

... Сергей удивился:

— Это что — как спиритические сеансы? Сейчас модным такое стало. Собираются за столом и вызывают духов.

... Зося ответила:

— Нет. О спиритических сеансах я мало слышала. Мне не хотелось бы в таких действах участвовать. Духи ведь — они разные бывают. Бывают и нечистые...

А если, например, Иисус с человеком говорить станет, то никто это «спиритическим сеансом» не назовёт.

... Сергей удивился:

— И что, Вы полагаете, Зося, что человек может с Самим Иисусом беседу иметь?

— Да, думаю, что может, если всей душой этого хочет! Старец Зосима с Иисусом часто говорил. И о. Александр, его ученик, тоже Иисуса и видел, и слышал...

— А Вы?

— Пока такого не было: ну — чтобы я наверняка в этом была уверена, что вижу и слышу именно Иисуса. Но я твёрдо знаю, что это возможно! Я ощущаю Его Присутствие, когда к Нему обращаюсь о важном. Ответов, как голосом произносимых и слышимых, я пока от Иисуса не получала. Но сразу после вопроса или спустя некоторое время приходит понимание: ответ как бы сам собой рождается внутри — именно про то, про что вопрос был...

И я твёрдо знаю, что там, по ту сторону смерти тел, есть жизнь! Она — там — продолжается! Души — они живые и без тел! С ними можно говорить, видеть их.

Я про это мало знаю пока. Только старец Зосима мне несколько раз в последнее время советы и напутствия очень важные давал.

Я облик Зосимы тогда видела — из Света сложившийся. Он мне про целительство немного объяснял. И ещё про другое — тоже отвечал.

… Сергей слушал Зосю внимательно и серьёзно, без скептицизма.

Виктор высказал своё мнение:

— Зося — она не выдумывает. Я, например, сам видел, как она девочку умирающую вылечила, сама даже сознание потеряла, а ребёнок чудесным образом исцелён был! Это про ту девочку говорю, мать которой мы в твой, Оля, детский приют работать устраивали. Конечно, Зося сейчас скажет, что это Бог исцелил… Но вот я в Небесные Силы и всякую церковную ерунду про «доброго боженьку» — не верю! Зато могу утверждать то, что Зося с мирами нематериальными, невидимыми — может взаимодействовать. Видел — не раз! Это — реальность!

А спиритические сеансы — это мошеннические спектакли для публики!

… Ольга продолжила тему разговора:

— Может быть, и не всегда — спектакли… Меня однажды приятели заманили на такое действо. Свечи, музыка особая, стол дрожит. Женщина-медиум впала в транс и стала совсем как сумасшедшая. Она вещала от духа какого-то. Всем присутствующим судьбы предсказывала. Ещё — в скором будущем войну на Дальнем Востоке. Осталось от всего этого ощущение неприятное, но реально что-то происходило. Мне бы не хотелось туда ещё раз пойти.

... Сергей немного печально произнёс:

— Для того, чтобы предсказать войну не надо быть вещателем от потустороннего мира. И так понятно, что к этому всё идёт... Печально!... Глупо!...

... Виктор вдохновился:

— Да, это очень плохо, что из-за решений отдельных правителей целые страны, многие народы начинают кровопролитные войны. Множество людей идут убивать и умирать — ради возможности их правителей влиять на жизнь других стран и их народов!

А простым людям совсем не нужны все эти войны! Они хотят работать на заводах или пахать землю, жить со своими семьями. А их — посылают на убийства и смерть!

И всё это безумие называют «патриотизмом»! А дальше — «Да здравствует Россия!», «За царя и за Отечество!»...

Так — не должно быть! Это нужно менять в управлении всеми государствами!

Нужны всемирная революция, народовластие и разумное правление!

... Денис произнёс:

— Сергей, я же тебе говорил, что Виктор у нас — страстный поклонник революционных идей...

— Но ведь бывают и справедливые войны? И что: армия, флот в вашем новом государстве не нужны будут? — спросил Сергей.

— Справедливость — весьма относительное понятие... А армия и флот, конечно, на первое время нужны будут, пока во всех странах народовластие не установится. А потом и не будет уже в них необходимости!

... Ещё долго разговоры переходили с темы на тему. Сергей рассказывал истории из своей морской жизни.

Иногда все надолго замолкали и любовались костром.

Сергей был очарован и восхищён влюбившейся в него Ольгой, но старался не давать волю своим эмоциям и не показывать всё это хотя бы внешне, видя переживания младшего брата.

... Небо стало всё ярче розоветь на востоке.

В кустах или на вершинах деревьев всё громче и задорнее раздавались песни дроздов, зарянок, соловьёв... В многоголосый птичий хор включались всё новые птахи.

Медленно восходило солнце. Наступал новый день.

※ ※ ※

Ольга пошла к воде умыться и поскользнулась на мокром камне. Она упала, сильно подвернув ногу, вскрикнула от боли.

Все бросились к ней.

— Очень больно? Где? Голеностоп? — встревожено спрашивал Денис.

Ольга молча кивнула.

Зося, несколько раз проведя ладонями над Ольгиной ногой, уверенно произнесла:

— Перелома нет, только связки надорвались немного. Ничего страшного!

... Она расшнуровала и аккуратно сняла изящный ботинок, стараясь не причинить боль. Попросила Виктора:

— Принеси, пожалуйста, мой саквояж из лодки!

... Денис в волнении переспросил:

— Откуда ты знаешь, Зося, что нет перелома? Ты ведь можешь ошибиться... Нужно бы лёд, чтобы не так сильно отекла нога. Повязку нужно наложить!

... Виктор тем временем уже принёс Зосин саквояж и открыл:

— Твоя очередь, Зося, быть главным лекарем в полевых условиях!

... Зося уверенно наложила тугую повязку.

Сказала:

— Оленька, потерпи ещё немножко! Сейчас я попробую боль уменьшить.

... Все с удивлением наблюдали за Зосей, которая замерла, а ладони расположила над больной ногой Ольги.

Через некоторое время Ольга с удивлением произнесла:

— А я тебе не верила, что так в реальности можно сделать!... Боль совсем прошла!

... Сергей, в глубокой признательности, поцеловал Зосины руки, умеющие таким удивительным образом снимать боль.

Ольга стала извиняться:

— Простите меня! Наделала вам переполоху!

Совсем уже не болит! Я, наверное, даже сама ходить смогу.

... Зося не согласилась:

— Нет, Оленька, пока не надо даже пытаться вставать на эту ногу! Нужен покой. Вот у нас сколько сильных мужчин! Донесут!

... Сергей поднял Ольгу на руки и понёс к лодке. Она нежно обхватила его руками за шею.

Денис — в волнении — шёл рядом, неся в руках Ольгин ботинок.

Зося и Виктор быстро собрали всё их хозяйство, разложенное у костра, и погрузили в лодку.

Обратно возвращались против течения. Шли на вёслах, гребли, сменяя друг друга.

Пристали у причала на Фонтанке, недалеко от Ольгиного дома.

Виктор остался с лодкой.

Сергей нёс Ольгу. Денис и Зося обсуждали, стоит ли поехать в больницу прямо теперь? Решили, что лучше позвонить отцу Виктора и отвезти Ольгу в клинику академии немного позже, чтобы не устраивать сейчас суету, но, всё же, быть уверенными, что перелома нет. В медицинской академии был даже экспериментальный рентгеновский аппарат, позволявший сделать снимок.

… Сергей бережно положил Ольгу на кровать.

Зося помогла устроить удобно больную ногу.

Денис сказал, что обо всём договорится с отцом Виктора и скоро заедет за Ольгой, наняв извозчика:

— Я скоро вернусь!

… Ольга посмотрела на его бледное от волнения лицо.

— Денис, не нужно никаких клиник, всё уже почти прошло!

… Потом перевела взгляд на Сергея:

— Серёжа, останьтесь со мной, пожалуйста! Если хотите, конечно…

… Эти слова прозвучали как объяснение в любви. Прямо, открыто! Так — чтобы сразу для старшего и младшего братьев было всё понятно.

Сергей встретился взглядом с братом. Это был безмолвный диалог, в котором было всё: просьба простить, готовность поступиться своими чувствами ради другого и ради той, которую так сильно уже успели полюбить они оба.

Сергей остался.

Зося спросила:

— Нужно чем-то ещё помочь?

... Ольга покачала головой:

— Спасибо, нет.

... Побледневший Денис сказал:

— Оля, в клинику всё-таки надо поехать. Сергей тебя отвезёт. Я вам позвоню по телефону, когда договорюсь.

О «правилах», обрядах — и о любви

Всё складывалось совсем не так, как до этого планировала Зося. Пришло понимание, что она теперь поедет домой одна, без друзей.

И, всё же, нужно было обязательно зайти к Ольге: узнать, как она себя чувствует, и, на всякий случай, переспросить о поездке.

Ольга очень обрадовалась Зосе. Она просила повременить немного с отъездом:

— Разумеется, я не поеду с тобой: любовь к Серёже заполнила меня целиком! Не осталось меня для чего-либо другого! Мне представляется трагедией упустить хоть день, хоть час, который мы могли бы провести вместе!

Не думала, что так бывает! Когда читала Шекспира про Ромео и Джульетту, то предполагала, что там — всё преувеличено... для театра... А вот, оказалось, что можно и так любить!

Прежде, чем ты уедешь, мне хотелось бы, чтобы ты и Денис держали венцы над нами. Мне кажется это важным... Вы — те, кто нас любят больше всех других на свете! Ты не смогла бы поговорить об этом с Денисом? Если он откажется, то тогда попроси Виктора. Денис, конечно, может быть расстроен, обижен, но я ничего не могу изменить...

Зося сказала о другом:

— Твоя нога, наверное, ещё не совсем в порядке?

— Всё это — пустяки, ну... буду хромать немножко... Платье, фата, гости, угощения... — мне всё это не нужно! Нужно лишь, чтобы мы были вместе с Серёжей пред Богом — всегда, до самой смерти!...

... Ольга испуганно осеклась... Потом сказала тихо:

— Ведь мы уже и так муж и жена — до венчания... Ты думаешь, что это — тяжкий грех?

— Не думаю так, Оленька! Мне порою кажется, что обрядовые установления, которые соблюдать предписано людям верующим, — они не всегда от Бога происходят.

Сама я стараюсь не нарушать такие правила, но в глубине души мне ощущается, что Богу это совсем не нужно!

Всё это — от людских выдумок идёт, которые различными церквами предписаны для верующих — как законы. Но многое между верованиями различается: что в какой религии — грех, что — не грех, какими словами молиться, в какую сторону света лицом обращаться, покрывать голову платками и шапками или наоборот обнажать... В разных обрядах и верах разных народов — всё это отличается...

Но ведь Бог для всех людей — один!

И разве Богу это следование «правилам» — важно в человеке, если человек Бога всем сердцем любит?

А если не любит человек Бога, то разве помогут любые обряды?

Вот, например, одним людям христианского вероисповедания велят крестное знамение слева направо налагать, а другим — справа налево. Думаю, что это всё от людских домыслов исходит и людей меж собой разделяет напрасно.

Старец Зосима мне маленькой так объяснял про грех: «Если перед собой и перед Богом стыд ощущаешь про мысли собственные или про дела свои, то это — грех. А если всё искренне, честно, с любовью совершается, то это — не грех!».

Конечно, иногда сложно бывает разобраться: что есть правильно. Отчего-то бывает иногда стыдно поступать против обычаев общепринятых или против осуждающего мнения окружающих нас людей… Но когда понимаешь уже твёрдо, чего Бог от тебя хочет, — тогда уже ничто не страшно!

Вот — фарисеи Иисуса осуждали за то, что Он в субботу больных исцелял. А Иисус через то людям, я думаю, как раз и показывал, что любовь и милосердие — превыше «правил» и обрядов, людьми выдуманных и установленных!

Мне про это о. Александр многое объяснял. И о том, что старец Зосима говорил, — он тоже рассказывал. Они оба в монастыре, в монашестве строгом жили, правила церковные соблюдали. И, всё же, они говорили людям более о том, что с добротой душевной жить надо, чтобы решения правильные в жизни принимать. И — что в мыслях доброту и чистоту надо хранить, также что любовь к Богу и к ближним своим в поступках надо проявлять, а не просто только обряды неуклонно исполнять.

Обыденное выполнение «правил» не делает человека праведным пред Богом! Часто люди напоказ себя «набожными» стараются представить: перед другими людьми хотят такими выглядеть, чтобы все их уважали… Такие люди часто осуждают тех, кто не так ревностно соблюдают обряды. И в том осуждении других — они самих себя всё более «праведниками» ощущают. Но это — ведь очень плохо!

Старец Зосима говорил, что потребность осуждать других — это свойство людей не чистых умом и слабых в любви.

А Любви Божественной — свойственны доброта и понимание каждого другого человека.

Любовь к ближнему нам Иисусом заповедана! И не только любящих нас — нам любить нужно!…

Мудро любить — надо учиться!…

У меня бывает иногда ощущаемое сердцем понимание — правильное, надёжное, из любви исходящее — как верно следует поступить. Наверное, так постепенно и можно мудрость в любви обрести!

— Какая же ты дивная, Зося! Как хорошо, что ты у меня есть — подруга моя милая! Как легко всё, когда ты говоришь!... А ведь я боялась, что ты меня осудишь...

— Ну что ты, Оленька! Я из-за счастья твоего — счастлива!

— А я-то — какая счастливая сделалась! Только я уже боюсь за него... Боюсь его службы военной, боюсь расставания...

Я — как сумасшедшая, да? Но я так счастлива! Я не представляла, что можно быть такой счастливой!

Даже мои родители на наш брак согласились! А я уже почти не надеялась на это... Они так долго мечтали о «блестящей партии» для меня, хотели, чтобы я «выезжала в свет». Но, видно, не зря я жила отдельно от них в последнее время. Они испугались, что я так и останусь старой девой — с моими идеями и принципами... И почли за счастье, что Сергей — из хорошего дворянского рода, хоть и не богат. Они даже обрадовались! Представляешь?!

* * *

После этого Зося — по Ольгиному поручению — увиделась с Денисом.

Он неожиданно обрадовался Ольгиной просьбе об участии в венчании.

Потом вновь погрустнел и разоткровенничался с Зосей о наболевшем:

— Ну отчего я — такое ничтожество?! «Ошибка природы», что ли? Сергей — везде во всём и всегда был лучшим! Не подумай, что я ревную... Ну, скажем, стараюсь не ревновать... Понимаю, что всё честно, не тайком. Справлюсь как-нибудь... А не справлюсь — тоже не велика беда...

Ведь я очень люблю брата! Понимаю, что не иду с ним ни в какое сравнение... Понимаю, что он — и красив, и умён, и смел, и уже капитан корабля...

— Денис, но любят ведь не за красоту внешнюю, не за ум, не за положение в обществе... То — иное.

Кто знает, отчего зависит этот огонь любви, что вспыхивает меж двумя душами?...

А может он и погаснуть...

А может гореть в душе любовь не взаимная, но сильная.

Так бывает очень часто...

Но, как бы то ни было, любовь — это благо великое, это — очищение и преображение для души!

Но есть ещё и другая Любовь — много бо́льшая, не личная, не для двоих, а для всех! Она — огромная, спокойная, чистая! Это — Божественная Любовь!

И способность так любить — ведь дарована каждому человеку!

Мы должны учиться этой бескорыстной любви, дорастать до неё!

И когда от любви не взаимной больно, то можно всё сильнее с той Большой Любовью стараться соединиться, — и тогда боль уходит!

За такую Любовь нам никогда не будет стыдно!

… Они помолчали.

Потом Зося спросила:

— Денис, а может, всё-таки, поедешь со мной? А то, выходит, что я одна домой еду. С Виктором у нас тоже не всё гладко… Он остаётся. А там — в больнице, у меня в городке, такая практика будет для нас — как для будущих врачей — что все печали позабудутся!

— Нет, Зося, я тоже не поеду. От мыслей моих печальных мне таким способом не убежать! От смены места — ничто не поменяется! Здесь я хоть иногда буду Ольгу видеть. Пока не представляю, как без этого жить… Хоть и больно пока всё это…, но потом — это пройдёт, может быть…

А практика медицинская у меня будет: мы с Виктором уже договорились о работе на лето в клинике.

※ ※ ※

Свадьба Ольги и Сергея прошла скромно, гостей было мало.

Сразу же после этого Зося поехала домой.

День старца Зосимы

Дома все очень обрадовались Зосе.

Мама Зосина была безмерно счастлива! Зося даже устыдилась, что целый год не приезжала.

В больнице тоже Зосю все работающие там люди встретили так радостно, что она удивилась этой теплоте и искренности. Здесь — и вправду был её дом, где она всем нужна, всем дорога и любима всеми!

Конечно же, и к о. Александру вскоре пошла Зося, чтобы рассказать обо всём, происшедшем с нею, чтобы новые советы его услышать, чтобы вопросы о целительстве задать.

А о. Александр Зосю уже ждал. Он её порадовал новыми записями о старце Зосиме:

— Вот, отдал тебе тогда тетради — и начал сразу записывать дальше всё, что вспоминал о Зосиме. Подробно пробую рассказывать. Мне иногда теперь представляется, что это и есть самое важное дело в моей жизни — написать о нём, сохранить его слова для людей! Теперь думаю, что и книгу издать можно скоро будет. Сколь важны были бы для многих в наше время эти наставления старца!

Вот только, захотят ли читать?...

В газету местную послал рассказ «День старца Зосимы», а мне в ответ: «Длинно, скучно, событий мало — не интересно такое ныне нашей читающей публике, извините!».

Ты теперь возьми: тебе-то — интересно будет!

... Дома Зося с трепетом прочитала этот рассказ о. Александра:

«Был в монастыре нашем старец по имени Зосима. Для многих людей встреча с ним становилась поворотной в их жизнях. Много до сих пор рассказов о чудесах, совершённых Богом через этого старца, передаются из уст в уста. С преувеличениями пересказывают ныне эти истории о старце в народе! Многие ему — как Святому — уже молиться стали, и утверждают, что помощь имеют.

Но я не о том рассказать намерен, что чудесные исцеления старцем Зосимой совершались, хоть и сам сему был свидетелем многократно. И без этого, разумеется, рассказ мой не обойдётся.

Хотел бы я описать, для примера, события одного дня из жизни старца. Хотел бы слова его о жизни чистой и нравственной повторить для людей!

… Вставал старец Зосима обычно очень рано, задолго до рассвета.

Были те часы тишины — особо дороги ему. Это было то немногое время суток, когда он один на один с Богом оставался. Почти всё остальное его время — на помощь просящим бывало отведено.

С определённого момента обучения у старца мне в его келье стало позволено пребывать, когда он посетителей принимал. Учился так я тоже с людьми беседы вести.

В тот день рано утром я пришёл к старцу в печали глубокой от несовершенств собственных.

Сказал ему, словно исповедуясь:

— Не получается у меня ещё многое! Недостатки свои вижу, а одолеть их в себе не могу!

И остаётся во мне страх поступить с другими людьми неверно, ошибиться с советами даваемыми... И ещё есть страх, что не смогу, не сумею понять вовремя, чего Бог от меня хочет, как мне поступить...

От нечистоты мыслей полностью не могу избавиться!

И нет во мне той полноты веры, которая нужна, чтобы исцелять, чтобы помогать людям!

Как другого научить, когда сам так мало ещё постиг?

Даже поступать так, как знаю, что это правильно, как сам других учу, — не всегда способен!

Неужели совсем я безнадёжен?

Откуда берётся немощь духа сия, что вдруг угасает даже пламя любви, которое казалось уже неугасимым и радостью освещало любой труд?

Ведь, если не горит Любовь Божия в сердце духовном, — то пусты слова молитвы! И — мертвы слова, которыми помощь пытаюсь другим оказывать... Даже — если те слова правильны, даже — если твои слова повторяю...

Отчаяние охватывает меня порой от всего этого! Как с сим унынием справиться?

... Зосима смотрел ласково, слушал. Затем молчал долго, словно ожидая, что я сам его ответ без слов пойму. Потом сказал:

— Любые тёмные мысли, одолевающие ум, нужно отринуть!

Мысли самоуничижительные не следует попускать в себе, так же, как и мысли самохвальные, питающие гордость. Самоуничижение в обличении пороков своих — не к унынию должно вести, а к очищению и добро-деланию в каждом деле по мере сил и возможностей!

Когда так поступаешь, то и силы и возможности расти будут в тебе неустанно.

Если же печаль о себе: о недостойности своей — слишком сильна, то это не радует Бога!

Если что-то делать, а в уме при этом иметь мысли, что «у меня не получается, я — грешен и недостоин, не смогу ничего в этой жизни!» — то это мешает приближению к Богу. А такое — часто бывает… Ты это не для себя запомни, а для людей, что к тебе за советом приходить будут!

Многие ведь полагают, что близость с Богом недостижима для них по причине их слабости в духовных трудах — и от этого они вовсе отказываются от усилий по преображению себя-души.

Как тут помочь?

Если силы души направить не на переживания о своей неуспешности или никчёмности, а устремить их на дело доброе, хоть и малое, — то лучше станет.

Вот так — нужно отринуть мысли о собственной значимости: и возвеличивающие, и самоуничижающие, и всю силу души вкладывать лишь в добрые дела!

В смирении ума и в свободе от мыслей ненужных: похвал себе или порицаний самого себя или других людей — много легче возжечь сердце той любовью, которая ко Господу устремлена!

И тогда — постепенно — всё проще станет. Даже если ум твердит иногда «я тут лучше всех сделал для Бога!» или, наоборот, «я хуже всех и недостоин счастья быть с Богом!» — то сердце любящее посмеётся над теми «кознями ума» и слушать не станет такие мысли! А руки — к работе доброй направь! И ум — ко Господу устреми!

Вот так и одолевается самость! Любовь и труд — всему очищение несут!

... После этой беседы нашей начался приём посетителей.

В тот день первым вошёл мужчина средних лет, наружности, на мой взгляд, весьма неприятной. Внешне, вроде бы, «всё на месте»: не уродлив. Но даже смотреть на него не хотелось!

После уже — я узнал, что он людям, которые в очереди возможности поговорить со старцем ждали, — денег дал, чтобы первым пройти... И ведь взяли от него деньги, и вперёд всех — его пустили...

Старец спросил:

— В чём просьба твоя, Роман? В чём беда твоя — вижу, а в чём просьба — никак уразуметь не могу...

— Откуда Вы моё имя знаете? Я ведь в списке просителей на листе другое имя, ненастоящее, указал!

— Что же тебя такое малое и неважное волнует? А важное — совсем не волнует! Богу, а не мне — всё о тебе ведомо всегда, всякий час, всякую минуту. О том — помни!

Теперь говори: в чём просьба твоя?

— Дело у меня задумано большое, очень большую прибыль сулящее! Вот и пришёл просить, чтобы получилось это дело, чтобы удача мне была! Вот, если получится, то тебя отблагодарю… Ну а если ты, как говорят, бессребреник, — то на монастырь много денег дам.

— Ко мне за чудесами теперь как в лавку многие люди приходят… Отстояли очередь — и теперь вроде могут просить то, чего пожелают! Или даже — и не отстояли в той очереди вовсе…

Но тут ведь не магазин какой, не рынок, где то, что захочешь, то и купишь за деньги…

Как ты думаешь, Бог без меня твою просьбу знает?

— Знает.

— Так почему сам ты не говоришь Богу о просьбе своей? Я ведь не посредник, который — как почтальон — послание твоё снесёт…

— Грешен я, батюшка! Грешен… Потому и не смею Бога сам просить!

— Да... И просьба твоя — дурная, беды и разорение многим сулящая, а добра никому не несущая...

— Откуда ты знаешь? Ведь я не сказал ещё, о чём дело моё?

— Вижу...

Коли Бог — Всеведущ и знает и просьбу твою, и грехи твои, — то, как ты думаешь: зачем ты здесь?

— Тебя-то Бог слышит, ты — Ему скажешь!

— Ну насмешил!... Думаешь, что Бог по моей указке будет чудеса для тебя творить, желания твои ублажать? Экое удумал!... Это мы — Богу послужить должны всей жизнью своей, делами добрыми, очищением себя от скверны всякой — чтобы пред Ним не стыдно было!

А ты ко мне пришёл — и хочешь ещё и прощение своему поведению дурному получить: и за прошлое, и на будущее? Если я за тебя попрошу, молитву прочитаю — то ты, что ли, перестанешь быть грешным?

— Да как же быть мне? Слаб: воля — слаба, желания — сильны, грехи — тяжки...

— А ты потихонечку-полегонечку себя менять начни! Возьми Заповеди Иисуса: возлюбить ближнего и поступать с каждым, как хотел бы, чтобы с тобой поступали!

И в каждый день это помни! И делай всё — по этой заповеди! И если вдруг не получилось, то снова и снова старайся так поступать, пока это не станет правилом жизни твоей, а потом и сутью твоей внутренней!

Ты ведь даже теперь не думаешь взаправду, что грешен! Думаешь, что все люди — как ты живут, о своей выгоде только и пекутся!

И покаяние, и «отпущение грехов» для тебя — это словно билет в театр купить и представление посмотреть!

Но так — не очищается душа!

Ибо не во власти одного человека другому человеку «отпустить его грех»! Каждый должен сам духовный труд по очищению пред Богом вершить! Если не случилось раскаяние — то не уходит порок из души!

Вот — ты сейчас подумал: а зачем очищаться, зачем меняться, если и так всё хорошо?!

И, если задуманное тобой дело окажется успешным, то и вовсе в роскоши купаться станешь!

Богатым-то ты можешь стать, а счастлив — не станешь! Будешь о своём богатстве всё время дрожать, будешь бояться тех денег лишиться! И такая маята — прибыль и убыль денег — будет до самого часа смертного!

Страшно-то как! А ты — не боишься!

Представь, что ныне твой час последний настаёт. Вспомни: был ли ты счастлив хоть когда-нибудь?

… С Романом, вдруг что-то происходить начало.

Видно, Бог, в самом деле, помог ему испытать ощущение часа предсмертного, когда впереди — земного времени уже нет, а позади — лишь воспоминание о жизни пустой, бессмысленной, нерадостной…

И словно из глубины души поднялся пласт воспоминаний, о которых он вдруг стал рассказывать:

— Однажды лишь я счастлив был — с полюбовницей моей Лизаветой. Во грехе жили, не венчанные, а хорошо нам было!…

Она, правда, всё семью настоящую хотела, деток. А я говорил, что не время, что надо денег накопить, «на ноги встать», дело своё начать… А вот как узнал, что на сносях она, оставил её.

Больше с той поры и не было мне хорошо…

Зосима сказал:

— Родила она, сын у тебя растёт, скоро четырнадцать лет исполнится. А Лизавета твоя умерла в прошлом году.

— Откуда тебе это известно?

— Знаю... Всё мимо счастья своего ты в этой жизни делал! Сейчас вот — есть шанс малый исправить последствия выбора твоего неверного!

Коли хочешь начать покаяние пред Богом — начни с сына!

... Роман обхватил голову руками и застонал, как от боли...

— Как же я его найду, что скажу?

— В том городке, где вы с Лизаветой жили, он на фабрике мануфактурной работает. Фамилия у него — твоя, да и лицом похож. Не ошибёшься!

А что сказать ему — то сам реши! Можешь честно сразу всю правду, а можешь пока промолчать, а после сказать, когда полюбит он тебя.

А чтобы было, за что ему тебя уважать, — дело своё по-другому задумай: чтобы от дел твоих была польза для людей, а не вред.

И сына — *помощником* учи быть! Выгоды меньше будет, а счастья — больше!

И никто не поможет тебе! Только ты сам себе поможешь! А как сам себе поможешь и другим помогать станешь — то сразу примечать начнёшь, что и Бог к тебе ближе стал!

Всё, ступай!...

... После того мужчины пришла женщина беременная и спрашивала старца, как ребёнка назвать. Всё говорила, как боится рожать, как боится в родах умереть...

Старец её успокоил, велел сына наречь так, как муж той женщины хотел. Она имя не произносила вслух, а старец угадал.

Для неё сие было чудом. Ушла она — довольная!

... Потом пришёл архимандрит Игнатий, настоятель монастыря и друг старца ещё с духовной семинарии.

При этой беседе мне присутствовать непозволительно было. И я пошёл посмотреть в комнату для ожидания посетителей.

Мне было интересно попробовать увидеть те проблемы, с которыми пришли люди. Сам старец Зосима всегда это сразу понимал, так что я обычно не успевал даже попытаться сделать это до того, как уже с посетителем начинался разговор. И как звать человека, и с какой просьбой он пришёл —

всегда знал старец сразу, как только человека видел.

Но прежде, чем я вошёл в комнату для посетителей, ко мне подошла женщина, богато одетая, но вся встревоженная и печальная.

— Помогите мне, пожалуйста! Там — дочка в экипаже, она сама почти не может двигаться, ей плохо очень!

Красивая бледная девушка сидела, откинувшись на подушки, в экипаже, остановившемся перед монастырскими воротами. Рядом стояло инвалидное кресло на колёсах. Видно, что затруднение было в том, чтобы пересадить девушку.

Я поднял её на руки осторожно, но даже это причинило ей сильную боль. Она не смогла сдержать стон, а во мне это тоже отозвалось: возникло острое ощущение её боли — как собственной.

Я извинился перед девушкой:

— Простите меня, что неловко помогаю!

— О, нет, что Вы!? Это — болезнь! Это — совсем не Ваша вина!

... Я взялся помочь и далее: катить инвалидное кресло.

Мать девушки спросила:

— Можно, мы к старцу прямо теперь пройдём, без очереди? Я посмотрела, а там народу столько! А Иринушке сегодня в дороге совсем плохо сделалось.

— Мама, ну что ты, право! Да разве можно так, будто мы — самые несчастные в целом свете?!

В это время по дорожке монастырского сада нам навстречу вышел архимандрит Игнатий.

Он произнёс:

— Это — Ваша дочь Ирина? Старец Зосима просил сказать, что ожидает вас прямо сейчас.

... Игнатий ласково посмотрел на девушку:

— Бог милостив, дитя моё, надейтесь!

... Зосима ждал в том особом состоянии, когда Сила Духа Святого готова излиться без ограничений через его тело...

Он почти не слушал, как мать Ирины рассказывала о травме позвоночника у дочери.

Он смотрел на Ирину — и Сила и Свет Духа Святого начали течь, снимая боль.

Старец сказал мне:

— Ты Иринушку на лавку у стены положи, спинкой вверх. Посмотреть надо будет!

Я поднял Ирину и не почувствовал той острой её боли, как в первый раз.

— Спасибо! — тихо прошептала она, видимо, тоже ощутив то Присутствие Божией Силы, направляемой сквозь старца Зосиму.

Мать Ирины тем временем говорила, что врач прописал морфий, но потом, со временем, дозы всё больше стали. И Ирина отказалась, потому как привычка образуется и сама она становится словно безвольная...

Потом мать Ирины даже заплакала, говоря, что у неё нет сил смотреть на страдания дочери.

Она явно мешала своим беспокойством льющемуся в пространстве кельи исцеляющему Свету Святого Духа...

Зосима, как обычно в таких случаях, попросил мать Ирины пойти в храм:

— Вы ступайте в храм, Татьяна Прокофьевна: архимандрит Игнатий сейчас как раз службу начнёт. О здравии дочки молитесь, Бога благодарите! А я посмотрю Иринушку.

...Зосима долго был в Слиянии со Светом Божиим.

После Ирина села на скамье сама.

Словно упреждая её разочарование от попытки встать на ноги, старец произнёс:

— Боль твоя ушла и более не вернётся. Но ходить не сможешь пока... Видно, через то ты многим людям, которые без рук, без ног или в иной немощи и отчаянии пребывают, — помощь большую оказать сможешь, пример мужества и силы духа покажешь! Это — от Бога тебе поручение такое!

У вас в конюшне белый конь есть — Снежок. Приучи его тебе вместо ног служить. Всюду — сама ехать сможешь! Многие благие дела начнёшь, а другие люди вслед за тобой продолжат!

Дорога в жизни перед тобой — светлая открывается! И Бог — силу тебе даст! А через это — многие люди веру в себя и в Бога обретут!

... Ирина благодарила... Она смотрела на старца так, словно без слов с ним понимание имела — намного большее, чем в тех словах, которые обычно люди произносят.

Я помог Ирине и отвёз её в храм, где в это время шла служба и была её мать.

Когда вернулся в келью старца, то понял, что Зосима взял на себя ту боль и что излечение было не простым.

Подал ему воды.

Спросил: чем мог бы ещё помочь?

— Не волнуйся: к завтрашнему дню уж всё пройдёт! А сегодня — ты людей выслушивай, а я тут полежу на лавочке, подскажу, если надо будет. Не бойся!

Вот ведь интересно: не увидел я на Ирине греха, за который так вот искупление и вразумление по Воле Божией получить бы могла. Чиста душой! Жила праведно до трагического случая с травмой!

А исцелить её полностью — Бог не позволил...

Многого я ещё не разумею!...

Вот — показал Бог картину: всадник-воин в доспехах мечом наносит своему противнику страшный удар по спине...

И к чему сие показано?

Может ли быть, что правы буддисты, когда говорят, что души не один раз в телах живут, и грех в прошлой жизни может принести страдание человеку в следующем воплощении? Отчего тогда Иисус об этом не говорил? Или говорил, но не сохранили для людей те слова?

Многое в судьбах людских показывает Бог, а объяснение ещё не обо всём мне понятно стало.

Иногда Бог попускает болезни или иные страдания людям праведным — для их вразумления и учёбы. А, быть может, и для вразумления других людей такое бывает. И бывает, что примером мужества и стойкости в трудностях земных — может человек другим людям послужить…

Как бы просто было: кабы совершил грех — и сразу воздаяние, совершил доброе — и сразу награждение! Да только всё сложнее в жизнях людских Богом устроено! Ведь праведен и добр человек должен стать не из-за страха и не за награду!

Да, часто, пройдя через страдания, очищается душа, становится чуткой к чужой боли!

Многому нам с тобой ещё научиться нужно!

… О своих трудах в тот день я говорить не стану.

А вот про Ирину — интересное знаю. Через пять лет приехала она в монастырь на своём белом Снежке. Исцелилась она к тому времени — полностью! Очень многое она сделала для помощи инвалидам! Многих людей вернула к достойной жизни, хоть и не имела целительных способностей. Её благотворительные проекты были направлены для восстановления не только здоровья, но и, по возможности, — полноценной и неунизительной деятельной жизни для тех людей.

Хочется мне, чтобы, прочитав сей рассказ, каждый человек задумался бы о жизни своей, о вере своей, о мечтах своих, о делах, которые для Бога и для людей сделать можно!

Ведь человек сам себя исцеляет — верой и преображением себя-души.»

О. Александр — о целительстве

Всю неделю с утра до вечера Зося проводила в больнице. А после снова пошла в монастырь навестить о. Александра. Там она узнала, что он сейчас — в лесном скиту.

Так и прежде бывало. Ещё со времён старца Зосимы в пяти верстах от монастыря в лесу на высоком берегу реки маленький сруб был поставлен. Там монахи могли пребывать в уединении без людей и братии — по благословению настоятеля монастыря.

О важности сего о. Александр слова старца Зосимы Зосе прежде пересказывал:

«Полезно о Боге в уединении размышление иметь, полезно в молчании долго пребывать, полезно учиться Бога ощущать каждому человеку, а не только монаху. Нужно тому непременно время в жизни уделять!

Даже в монастыре есть для монаха суетность дел обязательных, распорядок определённый, заботы о послушании своём...

Хоть и придумана жизнь монастырская для уединения души с Богом, но многое от сего отвлекает. И то, как братия монастырская на тебя смотрит, и то, как настоятель оценивает твои труды, — всё это, как и в миру, — к внешнему привязывает внимание души.

Мирок монастырский — мал! Все друг у друга на виду!

А в уединении есть возможность всё более и более стремиться погрузиться в *Глубину* душой, в познание Царства Божиего, Которое внутри нас есть.»

* * *

Зося обрадовалась предстоящей прогулке по лесу. Подумала радостно: «Вот и для меня уединение такое с Богом случится!».

Она очень устала за эту неделю работы в больнице. У неё стало уже получаться многое видеть ясновидением. Она часто ставила правильный диагноз, только лишь посмотрев на больного. Врачи и сёстры в больнице этому удивлялись не сильно: ведь Зося — ученица старца Зосимы и о. Александра! И помогали они Зосе во всём, как могли. И опытом своим делились.

Но, несмотря на успехи, Зося ощущала себя выжатой до последней капельки, даже радость уходить стала, хоть всё хорошо получалось… Вот об этом и шла она поговорить с о. Александром, спросить: что неправильно делает.

Тропинка к скиту была нахоженная, не заплутать! Можно было любоваться красотой наступившего лета, наслаждаться тишиной леса. Многие птицы пели ещё по-весеннему, много было птенцов, слетевших только что из гнёзд, со смешным пушком на головах… Они не боялись, прыгали по тропинке, по ветвям деревьев и кустов совсем рядом.

Зосе было так хорошо, так привольно в этом лесном мире! По дороге встретила несколько ранних грибов. Собрала, вспоминая, как в детстве приносила в монастырь старцу грибы или ягоды, вспомнила и то, как радостно улыбался Зосима таким простым её дарам…

Дальше шла уже будто рядом со старцем: обнял Зосима любовью и лаской, покоем и тишиной Божией! Вся красота природная вокруг иначе восприниматься стала! Каждая птаха, каждая травинка, каждое дерево и она сама и старец Зосима — всё стало восприниматься как Частицы Богом сотворённого Мироздания. И границ тому миру — нет!

И стала она всё дальше и дальше любовью каждое существо обнимать. Вначале то, что взгляду видимо, потом — всех людей любимых охватила душа, и туда, где сейчас Виктор, Ольга, Сергей, Денис — легко любовь души доставала...

А старец Зосима показывал, как и ещё дальше можно любовью души шириться и расти, многие страны и народы охватывая, пока вся Земля не вместится в ту любовь. Чтобы стала в той любви вся планета — как дом, который — для всех людей и других существ Богом тут создан. Чтобы — в нём как семья единая всё человечество и все существа добрые учились жить!

* * *

О. Александр очень обрадовался Зосе:
— Хорошо тут, спокойно, благостно! Люди ко мне за помощью да за советом и сюда

тоже приходят, но меньше. Слишком далеко пешком идти нужно: за пустяком и не пойдут!

... Когда Зося об усталости, появившейся у неё в последнее время, рассказала, то о. Александр ей так ответил:

— Ты всё время своё в больнице не проводи! Это время тебе отпущено Богом для учёбы! И учёба эта — не только в том, чтобы зрением души научиться энергии воспалений и боли в телах видеть, причины болезни понимать, диагнозы ставить без ошибок... Многое нужно тебе ещё понять, чтобы жить с Богом во времена трудные. А они — будут...

... Он помолчал, словно раздумывая, сказать ли или промолчать. Потом произнёс:

— Надвигается пора тёмная, бедствия войны... Крови много прольётся... И для страны нашей, и для всего мира то грядёт...

— Можно ли сие отвести?

— Можно ещё, но лишь частично... Но кто сие сделать-то сможет? Одному человеку, даже правителю, такое не под силу! Ведь судьба стран и народов не только от правителей зависит, но и от праведности и чистоты жизни народов, те страны населяющих. Связано всё воедино... Народы заслуживают тех или иных своих правителей, а правители заслуживают почтение или ненависть народов...

Пред Богом всё!

И приходят порой страдания и беды... То не Бог «насылает кару», но люди сами тому причины создают!

Обычно вначале малые беды земные приходят, словно предупреждающие: «Опомнитесь, люди!», «Очиститесь!», «К Богу развернитесь!», «Про любовь вспомните к каждому человеку, к каждому созданию Божию!»

Но люди долго не видят, не слышат... Думают многие, что их — беды не коснутся, стороной пройдут.

В нынешние времена так не будет — не пройдёт всё мимо безболезненно.

Сами люди в том виноваты, а не внемлют!

Вот автомобили изобрели — тут же к ним броню и пулемёты приделали! Вот аэроплан человеков в воздух как птиц небесных поднял — а на нём придумывают как бомбы разместить...

О чём тут говорить? Всё, что прогрессу и счастью для всех могло бы способствовать, — извратить и на зло направить умудряются люди, которые себя разумными почитают!

Ныне те, кто богаты, полагают, что их владения и титулы, дома и земли — никуда от них не денутся... А те, кто бедны, полагают, что хуже — уже некуда...

Но может быть много хуже, чем ныне! И это — для всех людей приближается! Всех это грядущее коснётся, много потрясений ждёт этот мир!

И надо нам помнить, что ведь и несчастия, и страдания есть предупреждающие указатели для душ!

Смерть — великий очиститель мира...

Смерть также — очень мудрый советчик, если оценивать всё, происходящее в жизни, с точки зрения неизбежности смерти тела и Божьего Взгляда на твою жизнь!

Смерть может быть внезапной — и тогда нет времени что-то понять и изменить. Или смерть может быть медленным угасанием в немощной старости — и тогда нет уже способности ясно мыслить... Потому часто, именно видя смерть других людей, — может человек о смысле своей жизни задуматься.

И тогда, пред лицом своей смерти, человек и сам себе — *страшный судия!* Если, конечно, у человека сего есть силы, разумность и время на всю свою прожитую жизнь оглянуться...

Бог решает то, когда пора душе покинуть это тело.

И не надо человеку цепляться за жизнь в теле! Но нет и права её не ценить, не беречь!

Помни, Зосенька: ты должна бороться за жизни больных — мудро! Это значит — и вместе с ними, и с Богом!

Но скоро ты поймёшь, что будет «победа» или «поражение» в этой борьбе — не то важно. Потому, что Бог подводит итог по иному критерию: по любви, выросшей в душах!

Нельзя «спасти» всех... Есть свой срок для каждого... Смерть — это просто конец жизни в теле...

Стань настоящим врачом! Выигрывай все битвы за жизнь, которые можно выиграть!

— А когда это невозможно?

— Ты их проиграешь — и примешь это со смирением и благодарностью. Или — «заплатишь выкуп».

— Что это значит?

— Это — возможность взять на себя проблемы и боль другого человека... Платой будет твоё здоровье, твоя сила и, может быть, даже твоя судьба... И не стоит делать сие часто...

Обязательно помни, Зося, что это может быть не всегда во благо... Ведь послано то событие человеку — Богом: для вразумления. Значит, и причину нужно увидеть и изменить в самом том человеке. Иначе — все усилия и самопожертвования — зря... Такое исцеление — не для пользы Богу!

Ты уже сейчас ко мне шла с этим: силу терять стала, радость в душе исчезла... Читала же, как старец Зосима о том рассказывал, что чуть не умер оттого, что чужие болезни на себя брать стал!

— Но ведь я не исцеляла никого, только смотреть училась!

— Да, но энергии болезненные, на которые ты внимание души направляешь, при теле именно твоём остаются. Они могут и болезнь вызвать. Словно — пыль серая оседает или муть какая-то прицепляется к энергиям твоим телесным! От этого очищаться можно научиться. Позже покажу...

Но ныне ты должна принять ответственность не только за себя: за свои решения и поступки. Ты теперь уже получаешь Силу Божию и учишься Ею управлять... Вот и ищи способы для поддержания *неразрывной соединённости с Богом:* чтобы не оступаться!

Если подумаешь даже о каком-то человеке без любви, с неприязнью или осуждением, — тут же явятся к тебе мысли серые и будет ум нашёптывать недостойное...

Или иное может быть, если желание личное преобладать начнёт потому, что нравится тебе человек определённый. Тут ум будет пытаться доказать, что помочь тому человеку надо непременно, а что помощь та душе во вред идёт, — не сразу заметишь...

Не позволяй себе мыслить без Любви Божией! В том — секрет разумного различения! И проблему тогда видеть сможешь, и как человеку помочь поймёшь. Или же увидишь, что ныне помочь нельзя...

Можно словно на сторону Бога, Божьего Мира, переселиться — и оттуда на всё учиться смотреть вместе с Богом: Божьим Взглядом видеть! Вроде бы ты это и читала, и слышала, да нужно теперь это в жизни всегда проявлять!

Это тебе теперь важно накрепко понимать!

Есть ведь целители и шаманы разные, которые могут силой личной — другого человека от болезней вылечить. Могут и наоборот — болезнь наслать или другое какое действие в мире магии произвести. Ты вот мне про спиритизм давеча рассказывала. Да, бывает, что такого человека духи нечистые «обслуживают»…

А нам следует научиться по Божьему Промыслу жить, а не от своих хотений, которые нам могут даже правильными казаться!

— Да как же не ошибиться?

— Совсем не ошибаться, наверное, только Святые могут… Но учиться тому — нам следует! Если ничего не делать и бояться — то ничему и не научишься! А вот с Богом всё делать — тому мы и учимся всю свою жизнь!

Пойдём теперь на берег реки, на простор! Покажу, как омыться можно в Реке Света Духа Святого! И — как в Потоке Духа Святого можно даже тело Светом Божиим промыть от любых энергий недобрых. И своё тело, и тело другого человека в том Потоке можно очистить, если есть на то Воля Божия!

* * *

Они вышли из скита. В том месте река делала плавный поворот, огибая холм, на котором и был выстроен скит.

Золотой песок крутого склона сиял на солнце. Лёгкий ветерок словно ласкал воды реки.

Зося никогда не слышала, как о. Александр поёт. А тут — на просторе, на высоком пологом холме над рекой — он запел молитву ко Духу Святому! Голос лился ровно, сильно, словно не тело пело, а само пространство звучало...

Зося увидела, как со всё возрастающей силой и яркостью полился Поток Божественного Света...

В восприятии души остался только этот Великий Поток Святого Духа. Река Божественного Света текла мощно и столь широко, что границ было не найти! И выше и ниже их тел, и во все стороны от них — простирался текучий, струящийся Ясный Свет!

Этим Светом очищались и тела, и души...

Зося ощутила, что влилась в сей Поток, стала Его неотъемлемой Частью и может направлять Его...

Зося долго молчала. Потом рассказала, что уже испытывала нечто подобное, когда Бог — через неё — исцелял девочку Наденьку... Только тогда она могла лишь видеть происходящее, но не участвовать активно...

О. Александр порадовался. После сказал:

— Как славно мы с тобой день провели! А молитву ко Святому Духу не обязательно вслух петь, можно и про себя.

И Поток сей может в любом направлении течь.

Всегда и везде Бог присутствует! И Сила Любви Божией везде может быть проявлена!

А ещё можно Иисуса пробовать позвать… Это будет… особое!… Иисус — Он помогает!

Недолгое счастье земное

Зося вернулась в столицу незадолго до начала занятий в институте.

Она сообщила Виктору в письме о том, когда возвращается, но совсем не ожидала, что он будет встречать её на вокзале.

Зося сразу увидела, что с ним… что-то не так, что-то случилось… Но, пока они ехали на извозчике, Виктор всё время молчал.

Большинство новостей об Ольге, Сергее и Денисе Зося, конечно же, имела из переписки с друзьями. О Викторе она знала как раз меньше всего. Его письма были очень сухими, сдержанными, словно... ни о чём... В последнее время он не делился важным.

Когда, наконец, они остались в Зосиной комнате наедине, Зося не выдержала и спросила сама:

— Ну, говори же: что у тебя стряслось?

... Виктор то бледнел, то краснел и силился подобрать слова:

— Ты была права..., я стрелял в человека... Нет, не убил, не ранил... Но я стрелял с ненавистью, я хотел... убить!...

Во мне словно зверь злобный проснулся, я готов был убивать!... Не знаю, что мне делать, как жить... с этим..., как освободиться от этого ужаса?!...

... Он заплакал, словно ребёнок...

Виктор — прежде такой гордый и уверенный в себе, в своей правоте, никогда не признававший своих ошибок, — теперь рыдал, уткнувшись лицом в колени Зоси. Она же ласково гладила его по голове, пока не утих всплеск его отчаяния.

Потом она сказала тихо:

— Ты это увидел..., сам увидел!... Это — важно! Теперь ты сможешь никогда больше не допускать такое в себе!

Старец Зосима говорил, что в каждом человеке есть низшая примитивная — и Божественная составляющие. Он рассказывал, что об этом во многих духовных Писаниях упомянуто.

Человек может научиться управлять своими инстинктами и никогда не быть подобным злобному животному, которое хочет только себе, стремится только по-своему всем управлять. При этом он боится сильных и помыкает слабыми.

— Да..., понимаю... Но я всегда думал, что могу с этим справиться. Я гордился, что я всё это понимаю, что мы построим прекрасное общество для счастливых людей... А оказалось, что я сам... могу быть убивающим в ненависти другого человека... Это было, как слепота, как затмение...

— Так бывает, Витя... И вот от этой-то духовной слепоты Иисус и пытался исцелить людей. Он учил о духовном преображении человека — ради приближения к Божественности.

Начало прозрения состоит в том, чтобы начать видеть всё вокруг с сердечной любовью, смотреть из состояния любви!

Пока человек не научился сам идти по жизни, соблюдая законы добра и любви, пока он не победил злобу и гордость в себе, — он не сильно может повлиять на этот мир в лучшую сторону.

Это — так о. Александр объяснял своё понимание об общественных преобразованиях. Он ведь тоже когда-то хотел революцию делать!…

— Что же, мне теперь в монастырь идти, Бога искать?

— Зачем же в монастырь? Бог — Он рядом всегда! Рядом — с каждым человеком!

Бог — это ведь не некий «сильный владыка», которого прославляют через определённые «правила» и обряды… Может вовсе не существовать различных религиозных направлений, но Бог — Он всегда остаётся Творящей Силой!

Для создания того доброго людского сообщества, о котором ты и многие другие люди мечтают, нужно всем понять, что его можно создать только с учётом существования Бога!

Всем важно понять, что Бог — Он больше, чем в одном только направлении религии! Он — Всеобъемлющ!

В существование такого Бога не надо веровать, как в некоего идола, не надо Ему поклоняться и приносить жертвы!

Он — Живая Реальная Сила Любви, с Которой можно соприкоснуться, можно взаимодействовать с Ней!

Он постепенно дарит достойным — Свои Любовь и Понимание Себя!

Но для этого душа должна тоже стать любовью! Иначе Он — не воспринимаем, не видим и не ощущаем!

Человек — это ведь не просто «поумневшее животное»! Ты ведь не думаешь, что мы — люди — всего лишь обезьяны, которые стали разумными потому, что взяли в руки палки? Ты же видишь, что всё не столь примитивно устроено! И так много мы ещё не ведаем и нам ещё только предстоит открыть, причём не только в медицине, но во многих других областях знаний.

Ты же — умеешь любить, понимать!…

Дело ведь не в вере только… Но существует живой опыт пребывания в реальности *иного мира!*

В это лето я очень многое поняла! И не только про целительство. Но я Иисуса ощущала! Выходила рано утром на берег реки и сидела подолгу в тишине, всё внимание души обратив к Иисусу. И открывался иной Божественный Мир, в Который можно войти, соединиться с этим Миром! И там — приходили такие понимания о жизни, о вере, о любви, о познании Божественного Мира, которые словами сложно передать. Всё это цельно воспринималось душой, а не на уровне слов.

Мне было дано это ощутить.

Но нужно быть очень чистой, кристально чистой душой, чтобы не исказить — в угоду своим желаниям — то, что приходит *оттуда*. Это — много больше, чем целительные силы и умения...

Всё это может быть открыто только тому человеку, который безраздельно предан Богу!

... Виктор слушал и что-то происходило в глубине души... Он не видел духовный Свет, окружавший сейчас Зосю, но не мог не ощущать то, о чём она говорила. И в этом была надежда...

А Зося продолжала:

— Всё плохое — теперь уже в прошлом! Поверь: раз уж ты всё сам понял, увидел — то всё иначе станет!

... Зося помолчала немного, потом неожиданно сказала:

— Витя, если ты по-прежнему хочешь этого, то теперь я готова стать твоей женой. Я люблю тебя и хочу быть рядом с тобой. Я могу помочь тебе...

— Как ты можешь любить такое... ничтожество?! Ты это — из жалости? Но так не надо!... Я не хочу жалости!...

— Нет, Витенька, ты увидел и понял то, что стояло между нами, и ты убрал это... Теперь — всё-всё будет хорошо!

* * *

Виктор и Зося официально поженились. За них были искренне рады и Ольга, и Сергей, и Денис. А особо счастливы были их родители. Они были полностью удовлетворены в своих мечтах о благополучии для детей. Им казалось, что вот теперь — и наступит то самое прочное, радостное будущее для всех них...

Но Зося ясно видела всю хрупкость и временность этого земного счастья...

Она видела и понимала, что в любой момент может быть отнято сие упоительное блаженство.

И то счастье от ощущения Божественного Присутствия, которое она сейчас воспринимала со всё нарастающей силой, она пыталась подарить Виктору.

... Виктор, спустя месяц после свадьбы, сказал Зосе:

— Как же права была Ольга, говоря нам, сколь ценно каждое мгновение, когда любящие друг друга — вместе! Как же я не понимал этого раньше! Нет большего счастья, любимая моя! Как же это прекрасно — быть рядом и любить друг друга!

— Да, это — удивительная радость! Но есть счастье большее... Оно — в соприкосновении и затем соединении человеческой души и Бога!

То, что между нами, — это же намного больше, чем близость лишь меж телами... Если души не соединены, то тогда это — лишь телесное удовольствие... А если сливаются и тела, и души, то счастье иное — несравненно большее — испытывают люди!

А с Богом — так же, как между нами... Но — сильнее! Ты можешь пока не верить... Ты просто попробуй почувствовать то, что ощущаю я, то, что ощущает каждый человек, когда любовь и благодарность в глубине духовного сердца обращаются к Тому, Кто создал всё, Кто подарил нам жизнь, Кто даровал возможность учиться любить!

Бог есть во всём, но словно за тончайшей прозрачной «Завесой», которая отделяет Мир Наитончайшего Блаженного Бытия — от Творения.

Он — всегда рядом, нужно лишь устремиться к Нему!

… Виктор был так переполнен любовью и счастьем, что ему иногда приоткрывалось на краткие мгновения то блаженное состояние души, при котором Бог ощущаем *рядом*. Виктор жил сейчас, переполненный любовью! Любовь охватывала всё и изливалась неудержимо! Он пока ещё не разобрался во всём этом, он просто позволил Зосе открывать ему проход в то Безбрежное Блаженство…

* * *

Осенью было много студенческих волнений и демонстраций, много революционных выступлений рабочих.

Виктор же сказал своим товарищам, что должен многое переосмыслить и потому на время вынужден отойти от революционной активности.

Некоторые его сподвижники обвиняли его в «подлом предательстве», другие говорили, что это — временно и случилось из-за его женитьбы.

Сам же Виктор словно со стороны наблюдал за обезумевшими толпами, которые устраивали погромы, и пытался понять, как же нужно организовать новое — правильное — объединение своих единомышленников...

А потом началась война на Дальнем Востоке — война против Японии...

Война

Студентам старших курсов Медицинской академии, где учились Виктор и Денис, было рекомендовано ехать на фронт в качестве военных фельдшеров.

Денис подал соответствующее прошение и вскоре уехал в действующую армию, всего полгода не доучившись до выпуска. Сергей и друзья не смогли его отговорить. Денис был твёрд в своём решении, объясняя его так:

— Не думайте, мои дорогие, что я ощущаю себя несчастным и ищу там смерти. Вовсе нет! Я стремлюсь лишь принести максимальную пользу своей жизнью! Это ведь правильно, что я буду там: значит, меньше окажется на войне тех людей, у которых семьи, дети.

… Вести о событиях приходили с Дальнего Востока всё чаще. Осада Порт-Артура, гибель на броненосце «Петропавловск» адмирала Макарова, которого Сергей знал лично и весьма уважал…

Ольга переживала всё это весьма эмоционально:

— Там, вместе с Макаровым, на корабле ещё ведь погиб художник Верещагин. Его картина «Апофеоз войны» — вот что сейчас нужно выставлять, людям показывать!

… Она попыталась даже организовать выставку, но её идею не поддержали: сочли не патриотичной.

Сергей тоже остро переживал сложившуюся ситуацию. Он даже сказал однажды Зосе:

— Глупо, бессмысленно всё происходит! И я, военный, ничего не могу с этим сделать, не могу повлиять, изменить!…

А ещё мне тяжело от ощущения своей вины перед Денисом: не могу себе простить, что позволил ему уехать на фронт! Но он — взрослый и вправе принимать решения. И всё же…

… Летом, после окончания Аакадемии, на фронт уехал и Виктор. Отец уговаривал его остаться при Академии для защиты диссертации и избежать призыва. Но Виктор, конечно же, отказался.

Зимой была сформирована Вторая Тихоокеанская эскадра, и Сергей был одним из капитанов кораблей этой флотилии, которой предстояло обойти Африканский континент и придти на помощь действующим в районе осаждённого Порт-Артура войскам и флоту.

Сергей сказал Зосе:

— Нас отправляют на войну. Через несколько недель корабли выходят в море…

Вот и будет для меня почти кругосветное плаванье: идём к Порт-Артуру из Балтики вокруг Африки, Индии, Китая! Словно насмешка судьбы! Разве о таком кругосветном плавании я мечтал?!

Команды все переформированы. Капитанов меняют на кораблях… Снова придётся создавать те доверие и взаимопонимание с людьми, которое спасает в экстремальных ситуациях…

Зося, прошу: не позволь Ольге наделать глупостей! Она ждёт ребёнка… Она мне уже говорила о том, что, если меня отправят туда, то и она вступит в Красный крест и поедет сестрой милосердия. Не позволяй ей, и сама не делай глупостей! Вы должны учиться! Война — не должна касаться женщин хотя бы напрямую!...

Довольно уже того, что Денис и Виктор уехали в действующую армию!...

* * *

Зося успокаивала и утешала всех близких, как могла. Сама же она погрузилась в учёбу и работу максимально, насколько это было возможно.

Рассказать о своих тревогах она могла лишь иногда в письмах о. Александру.

А без боли смотреть и слышать обо всём происходящем она могла только в полной соединённости с Богом. Но это было для неё ещё не всегда просто...

О. Александр прислал ей новые записи о старце Зосиме.

Зося стала искать возможности опубликовать полностью или хотя бы частично те слова старца, которые были уже собраны ею для книги и теперь пополнились высказываниями о войне, которые прислал ей о. Александр.

Он написал Зосе:

«Странное у меня ощущение, что беда ещё только надвигается… Эта война против Японии — лишь указание людям о том, как ужасны, пагубны, разрушительны могут быть войны!

И надо не о «любви к Отечеству» теперь кричать, а о необходимости мира и согласия меж народами и правителями!

Правильно ли это, когда всего лишь несколько человек своими решениями могут ввергнуть в кровавую бойню множество других людей?

И сами народы в тех битвах никакого интереса не имеют: ни с одной воюющей стороны, ни с другой! И убивают они, и умирают — за идеи, которые им чужды, которые им внушают для того, чтобы одна или другая страна свои границы или свои «сферы влияния» продвинула.

И не видят люди ту беду, которая приходит к ним в души, когда они получают "право убивать по приказу"!…

Старец Зосима о войнах говорил мало, поэтому тем более важно понять людям некогда им сказанное. В связи с последними событиями решил собрать вместе все его слова, которые помню, о причинах, во́йны порождающих, о том, как сие безумие человечества можно было бы попытаться остановить. Вот, сие прилагаю:»

«Людям только лишь кажется, что в войне есть победители и побеждённые, что кому-то война может приносить пользу...

Не так это! В проигрыше оказываются всегда обе противоборствующие стороны!

Победа приносит лишь мнимое удовлетворение победителям! Все те богатства и территории, которые одна страна у другой страны отобрала, это — словно зародыш новой войны в будущем, которая будет созревать долго и затем взорвётся новым кровопролитием, мстящим и разрушающим!

Важно понять, что даже те немногие люди, которые своими действиями развязали войну, и те, кто сильно обогатились из-за той войны, и те, кто укрепили свою власть и авторитет в ложных амбициях менять судьбы мира, — они тоже на самом деле потерпели разрушительное поражение! Их положение стало ужасающим — ибо они укоренились во зле и собственных заблуждениях!

Среди солдат и их командиров в войсках — ещё возможны проявления героизма, самопожертвования, отваги. Но те, кто своей волей пробудили чудовище войны и на этом стремятся поиметь выгоду, те — действительно погибшие в сей войне: погибшие — как души!

Как же можно остановить в людях это стремление захватывать чужое, повелевать другими людьми, что и приводит к тому, что войны продолжаются уже тысячелетия? Даже историю человечества пишут о том, кто, когда и с кем воевал, кто победил, что захватил!... Но разве же это есть самое важное, что в сем мире происходило?! И ведь лишь об этом учат помнить в школах!

Ведь многое другое значимое и прекрасное следовало бы изучать! А про войны кровопролитные знать нужно лишь для того, чтобы не повторялось сие в будущем!

Кабы я учить вздумал, то учил бы людей радоваться Богу, дарам Его благодатным, учил бы не разрушать, а создавать в жизни своей доброе, созидать внутреннее духовное сокровище и делать дела добрые для людей! Так ведь просто это, а всё не хотят так жить люди! А можно ведь жить с радостью, с Богом в душе — и всё тогда вокруг человека счастьем его внутренним озаряется! Как бы хорошо стало, если бы так многие люди жить начали!

Настоящая радость для человека — она ведь не от внешнего происходит! Внешнее удовольствие сиюминутно и проходит весьма быстро. Настоящая же радость рождается от соприкосновения любящей души — с Любовью Божией! Вот этому каждый человек в сей жизни земной и должен бы научиться!

И тогда эти любовь и радость — в любом деле человека жить продолжают.

Если, к примеру, готовит человек пищу с этой радостью — то и в еде, так сготовленной, частицы той радости остаются!

Или — если стирает бельё, то в чистоте рубашек или простынь та радость замечена может быть, когда человек чистое возьмёт!

Или если дом, к примеру, с такой радостью человек строит — то даже дом радость строителя долго хранить может и дарить её хозяевам и гостям, если конечно хозяева не разрушают сию благость, а поддерживают!

Любое доброе дело в состоянии души благостном — совершать следует!

А есть дела, которые совершать — грех! Это — дела, в которых насилие над другими людьми вершится…

Не возбраняется только лишь — злодея остановить для защиты других людей даже силой, если иначе не возможно. Но если можно сделать то миром — то это много лучше!

Если с любовью получается остановить зло, то человек, в котором зло пресечено, — часто преображается к добру.

А если насилием зло остановлено, то злодей обычно лишь укрепляется в своей ненависти. Но зато людей других от него защитить, может быть, и удаётся.

Вот и война: она всегда есть зло, даже если кажется, что война сия — за правду...

Есть «некие идеи», за которые одних людей заставляют идти на убийство других людей — братьев и сестёр, детей Божиих...

И когда рядовой воитель в те идеи поверил — то подвигом искренне полагает он умереть или убить за те идеи врагов поверженных...

Были в истории всегда такие идеи, когда «во имя» чего-либо людей отправляли воевать. Даже от церкви такое исходило — «крестовые походы», например... Ведь верили многие люди, что идут в чужие земли «убивать неверных» — для Бога!... А потом те «неверные» много веков о тех злодеяниях помнили и в ответ мечтали всех тех злодеев и всех их потомков уничтожить...

Были конечно и те, кто ни во что не веруя, пользовались случаем грабить и наживаться… Но не о них речь…

Страшно, что в человеке часто теми идеями добро и зло перепутываются, подменяются! И тогда растёт в людях ненависть — вместо любви! И это множится в памяти потомков тех, кто были убиты, притеснены, ограблены!

Бывают такие «великие ценности», за которые сражаться, убивать и умирать призывают, — лучше или хуже. Но порочны — все они!

Многие сейчас про «защиту отечества» подумают и со мной не согласятся. Но ведь порой даже сия «защита отечества» — в чужих землях вершится: там, где колонии и «сферы влияния» меж собой власть имущие делят…

Конечно, если в твой дом, в твою страну пришла война — то надобно защищать тех, кто страдают невинно от нападающих… Только хорошо бы правителям прежде думать, как бы не совершить те действия, которые к войне приводят: чтобы не нужно было потом защищать свою страну от врагов…

Да, редко правители о благе своих народов понимание имеют… Чаще думают они о некой «славе и мощи» государства, о своих амбициях и об авторитете своей власти. Вот и не видят правители путей к миру — в слепой гордыне своей, или, хуже того, не хотят видеть...

Можно ли что-то с этим сделать? Не знаю. Казалось бы, так просто понять то, о чём сейчас говорю, а ведь тысячелетиями люди воюют, не задумываясь — для чего, за что...

Много ли человеку нужно для жизни? Кров, еда, одежда... Совсем ведь не много! И всем людям в мире того достало бы, если бы не разрастались в душах зависть, жажда наживы и власти!

Жизнь земная так коротка!... И может человек не успеть даже задуматься о том, зачем ему Богом жизнь дарована!

Может быть, для того и попускает Бог войны страшные, чтобы задумались люди — и вразумились!

Глупо ведь провести всю жизнь в гонке за желаниями сиюминутными! Власть и богатство — счастье людям ведь не приносят! И утрачено всё это может быть в любое мгновение!

Власть и богатства земные несут с собой страхи и заботы ненужные!

Только на первый краткий миг обладания чем-то желаемым — возникает довольство. А после желания разрастаются вновь и приходит пустота в душе, которую ни чем не заполнить, ибо не заполняется она от внешнего!

Вот в этих ненасытных «хотениях чужого» и вижу я причины всех войн — и больших, и малых, и даже самых крошечных, которые меж отдельными людьми в обыденной жизни всё время происходят, и войнами их никто не считает.

Многие люди рассуждают о политике, о мировых проблемах... Но в себе не готовы замечать они зависть и ненависть к инакомыслящим!

Вот с чем ко мне люди идут: «тёща меня ненавидит!», «свекровь меня обижает!», «дети мои — неблагодарные!», «сосед моё владение захватить хочет!», «конкурент мне козни строит!»...

И где же место — в жизни такого человека — для Бога? Что нужно такому человеку сказать, чтобы он прозрел?!

Ведь сколь же глупо растрачивают люди свои жизни — на страх и ненависть, на зависть и агрессию! А после они возмущаются и удивляются тому, что те, кто имеют власть управлять странами, — не умеют сделать жизнь народов мирной и счастливой!

Чтобы в мире был мир — каждому человеку следовало бы сии мир и любовь в душе взращивать, а ненависть — пресекать!

Вот тогда, может быть, и сумели бы люди не допускать во́йны разрушительные и кровопролитные...

Может быть, поймём мы это когда-нибудь?»

Письма

Письмо Дениса Зосе (1905 год):

«Милая Зося!

Пишу всем вам письма в те немногие минуты отдыха, которые изредка случаются.

Эти письма соединяют меня с вами всеми, словно ниточки к прежней простой, мирной и счастливой жизни.

Но только тебе могу написать обо всём, как есть, то есть, полностью искренне.

Всё прошлое кажется мне сейчас дивным сном, где я не умел ценить это прекрасное, чудное течение наших жизней!

Я умудрялся быть таким несчастным оттого, что Ольга полюбила Сергея, а не меня. Как я мог быть так слеп, что отравлял дурными эмоциями те прекрасные дни своей жизни?!

Ты говорила мне тогда всё это. Я понимал это умом и сам, но был глубоко несчастен...

Каким глупыми и наивными были мои представления о счастье, о жизни! Какими эгоистичными были моя вера и представления о Боге!

Да... Моя вера сейчас изменилась и укрепилась.

Весь ужас, кровь, страдания, смерти, которые я вижу почти круглые сутки, — всё это не сломало мою веру, а сделало сильнее ту любовь внутреннюю, которая только и может спасти от отчаяния и неверия! И Бог хранит меня, совершенно невероятным образом, спасая мою жизнь раз за разом, хоть я вовсе не прошу Его об этом.

Вот и вчера снаряд попал в санитарную палатку, где я несколько часов непрерывно делал срочные операции и перевязки. Сразу после того, как мы все покинули её, готовя подводы с ранеными к отправке к санитарному поезду, вместо нашей палатки оказалась огромная воронка. Но вот, я жив, цел и невредим, живы и мои сестрички милосердия, и санитары, и легкораненые бойцы из «слабосильной команды», которые нам помогают. Всех уберегло чудо Божие!

А сегодня нам уже доставили лекарства, инструменты и новые палатки. Жизнь продолжается! Надеюсь, что всё будет благополучно!

Так что, не волнуйся за меня и убеди Ольгу не тревожиться. Не рассказывай ей подробности. Ей теперь в её положении нельзя волноваться!

Больше нет времени для письма: сейчас уже собирают почту. Следующая возможность отправить вам весточки может представиться не скоро.

Передавай всем, кого я знаю, мою любовь!

Ваш Денис»

Письмо Виктора Зосе (1905 год):

«Милая Зося!
Как же я скучаю по тебе! Вот, получил твоё письмо — и целу́ю строчки, каждое сло-

вечко, написанное твоей рукой! Погрузился в твою нежность, будто бы ты рядом оказалась!

За меня не беспокойся, работаю в госпитале довольно далеко от театра боевых действий. Тут не стреляют...

Но зато все ужасные последствия этой войны — у меня перед глазами почти круглые сутки. Сплю всего по три-четыре часа.

Столько искалеченных, столько тех, кому уже невозможно помочь!...

Никогда не думал, не мог вообразить, что мне придётся делать столько ампутаций...

Порой жалею, что не научился молиться, правда, на это не достало бы времени...

Во мне вновь и вновь закипает ненависть к тем, кто превратили жизнь обычных людей в этот кромешный ад!

Что будет с этими «искалеченными героями» потом? С теми, кто выживут, но останутся инвалидами... Изувечены тела, изуродованы жизни, судьбы и их, и всех их близких!...

Те, кто виновны в этом ужасе, должны понести неизбежное наказание! Все те миролюбие и принятие, которым ты учила меня, — испаряются во мне без остатка...

Теперь я знаю, как буду жить, когда эта война закончится!

Прошу: попробуй успокоить отца! Он снова тревожится сверх меры и ищет любую возможность вернуть меня в Академию для научной работы.

Но судьбы мира теперь будет решать не наука, как бы далеко она ни шагнула и сколько бы открытий ни было сделано! Даже после войны я не смогу заниматься пробирками в лабораториях, как бы отец этого ни хотел, каким бы одарённым меня ни считал. Попробуй объяснить ему это: ты ведь умеешь мягко так всё сказать, солнышко моё! Скажи, что я люблю его, но у меня свой путь в жизни...

Пиши мне чаще: твои письма — как глотки настоящего счастья среди смертей и страданий, которые — вокруг!

Как твои «битвы» с вашим новым профессором на летней практике? Он верит уже твоему ясновидению диагнозов больных или всё ещё спорит и возмущается? Здорово бы было посмотреть на выражение его лица, когда моя любимая Зося опять оказывается права! Он уже разрешил тебе оперировать самой?

Когда вернусь, ты научишь меня всему этому? Или опять скажешь, что без глубокой веры в Бога у меня ничего из этого не получится?

Как же я люблю тебя, милая моя, дорогая моя!

Как же я хочу обнять тебя вновь!

Как же стосковался по тому невероятному счастью быть рядом с тобой!

Люблю тебя!

Бесконечно твой,

Виктор»

Письмо Зоси о. Александру (1905 год):

«О. Александр, как много хотелось бы мне Вам рассказать в подробностях!

Надеюсь, что скоро приеду, и наши беседы вновь будут подводить меня всё ближе к пониманию Божией Воли.

Дела с изданием книги с изречениями старца Зосимы пока не слишком успешны. Мне везде в издательствах отказывают, говорят, что они — светские структуры, а изречения Святых публиковать должны издательства церковные... Буду продолжать искать разные возможности. Пока с Олей решили отпечатать маленький тираж на свои средства и дарить книги там, где это уместно.

Если всё сложится, то привезу и Вам напечатанные экземпляры.

А пока немного радостных известий:

Наш новый профессор преисполнился внимания к моим мнениям о диагнозах. Его возмущение сменилось уважением, и мы сотрудничаем теперь во всём. Он разрешил мне самой проводить некоторые операции, а сам при этом лишь контролирует и советует. Мы много беседуем и о духовных причинах болезней. Всё получается так, как Вы мне говорили!

Вот ещё размышления мои хочу рассказать:

Как удивительно, что война так по-разному отразилась в жизнях всех людей.

Для кого-то она — там, где-то далеко, и его жизни совсем не касается.

Многие живут шумихой и новостями из газет. Ругают тактику командующих за поражения, жаждут славы и побед… Много «возвышенных лозунгов» и какой-то бессмысленной и показной «помощи воинам»…

А ещё продолжают нарастать забастовки и демонстрации протестов, но они большей частью внешне даже не связаны с самой войной…

Наша Оленька беременна, все вокруг оберегают её, а она оберегает всех. Она сама носится с помощью «Красному кресту», организует курсы сестёр милосердия, вкладывает средства в закупку тех медикаментов, которые реально нужны, помогает возвращающимся из госпиталей раненым и их семьям.

Если бы все те, кто заняты благотворительностью, были бы столь мудры и практичны, как Оля, и таких людей было бы больше, то, наверное, даже вся страна скоро бы пришла к миру и процветанию…

От Сергея пока нет писем, это понятно: там, где он сейчас, их негде отправить. Но все сильно переживают.

Зато пока регулярно получаю письма от Вити и от Дениса.

В Викторе вновь проснулся «воинственный бунтарь» и «борец за свободу и справедливость»… Не знаю, стоит ли напоминать ему о тех прозрениях, которые у него были так недавно… Или нужно подождать? Ему там так тяжело…

Но вот Денис — он ведь тоже там, но изменился совсем в другую сторону, словно за эти месяцы войны стал духовно мудрее и сильнее многократно.

Вот и все мои новости.
С любовью,

Зося»

Письмо Зоси о. Александру (1905 год):

«Виктор погиб. Известие пришло уже неделю назад...

Всё — словно в каком-то тумане... Я не могу плакать... Словно я давно знала, что так будет... Знала уже тогда, когда он ехал туда. Он уверял, что он — врач, что он будет в госпитале, что опасности минимальны...

Пытаюсь утешить его отца. Он поседел от горя...

Знаю, что всё — от Бога. Знаю, что для каждой души Он выбирает наилучший срок, чтобы её забрать...

Всю эту неделю Бог — со мной в каждое мгновение! Это — так удивительно! Словно анестезия при невыносимой боли... Боль страшной потери есть, но она словно отделена от меня тем Океаном Любви и Заботы, Которым Бог окружает меня. Это — как Объятия Отца Небесного, Которые не выпускают ни на миг...

Зося»

Письмо Сергея Зосе (1905 год):

«Милая Зосенька!

Всё хорошо! Денис нашёл меня в госпитале. Не волнуйтесь за нас! Скоро мы оба приедем домой! Война закончилась! Всё страшное — уже позади!

Как Виктор?

Мы с Денисом ничего не знаем о нём уже очень давно.

Теперь — самое важное!

Не знаю, как благодарить тебя за спасение Ольги и Павлика! Понимаю, что, если бы не ты, то Олины роды закончились бы трагедией. Ты сумела спасти две жизни! В словах не выразить то, что я ощущаю! Не вместить в строки письма благодарность за то, что ты сберегла их! Ясно понимаю, что никто, кроме тебя, не смог бы это сделать в те критические часы! Это было Божье чудо, явленное через тебя!

То известие, которое она получила о Цусимском сражении и о гибели моего корабля — всё это ведь и вызвало преждевременные роды... И, если бы не ты...

Ольга писала мне об этом, и я понимаю, что она не преувеличивала, описывая всё тогда произошедшее. Благодарность Богу и тебе: ты стала Его Руками в те часы! Это останется в моём сердце навсегда!

Мою жизнь тоже сберегло чудо и невероятный героизм моих матросов. Они спасли меня! Они закрывали меня, раненного, своими телами от осколков снарядов, со словами «Спасайте капитана!». Очень многие гибли, но сумели спустить шлюпки и спасти жизни немногим. Они сделали это своим героизмом, своей преданностью! Не знаю, как я смог заслужить такое отношение команды?...

В письме Оле я указал имена и адреса тех, кого я просил отблагодарить, позаботиться о них и об их семьях.

Многие мои товарищи погибли тогда.

Навсегда преданный тебе,

Сергей»

Письмо Зоси Ольге (1912 год):

«Оленька! Милая моя подруга!

Если бы ты только знала, как я счастлива ныне, то ты бы не беспокоилась и не переживала бы обо мне!

Ведь так велика Любовь Бога, Который со мною неотступно!

Он со мною всегда — и в работе моей, и в недолгие часы отдыха, и днём, и ночью!

О. Александр велел мне не ночевать в больнице без необходимости, а жить в нашем маленьком домике на берегу реки. Ты помнишь, как там красиво и спокойно? Буду рада, если вы с Павлушей приедете летом отдохнуть здесь, как и в прошлом году.

Так вот, теперь встаю каждое утро до рассвета, и есть у меня время для красоты и тишины, пока иду пешком до моей больницы. Этот час утренний наполняет силой особенной — на весь день! Тогда про всё, что нужно, — приходит ясное понимание от Бога!

А потом весь день эта Соединённость с Божественной Любовью, с Божьими Мудростью и Знанием обо всём — словно поддерживается в неизменной неразрывности. Даже — если операция идёт сложная, даже если непростая беседа с кем-то.

Я почти не прикладываю усилий к этому, а Бог Сам помогает, показывает, направляет и руки мои, и мысли, и слова. И Он удерживает Свою Любовь во мне — в неколебимой устойчивости, в дивной Божественной Радости!

И эта Радость — она теперь постоянно! Бог в сердце моём духовном уже не Гость долгожданный, но Хозяин Единственный!

Ты вот переживаешь, что я одинока, что не вышла другой раз замуж, что от этого могу быть не полностью счастлива, что в этом может быть причина для печали... Но я — с Богом и совсем не ощущаю себя одинокой!

Бог мне даже деток дал!

Помнишь, писала я тебе, что детское отделение в больнице нашей мы открыли? И вот, так получилось, что есть детки, которым реабилитация нужна долгая, у которых родных и родственников нет. Их восемь таких — наших теперь детей разного возраста осталось в больнице!

Думаю, что нужно будет оформить это как-то официально, как приют детский при больнице. Поможешь советами?

А пока мама моя особенно счастлива, что занимается ими. Мечтала она о внуках — и вот есть у неё теперь восемь деток, которые уже как родные стали! И я теперь стала для них немного мама, немного доктор и немного учитель...

О. Александр тоже взялся помогать с обучением старшеньких деток: у меня на всё не достаёт времени.

И всё же, среди всех сих забот множественных, я — счастлива! И счастье моё — оттого, что я — в Боге, с Богом!

Это счастье не выразить словами, но ты поймёшь меня, ибо ты прикасалась уже к сему чуду Жизни Божией, которая с твоей жизнью может соединяться!

Это — то счастье, о котором старец Зосима говорил, как о высшей награде в жизни монашеской. Жизнь моя совсем не монастырская, но монашество — это — иное...

Есть словно внешний слой, пласт жизни моей: там — работа, люди, которым могу помочь как врачеванием тел, так и врачеванием душ, детки вот теперь есть... Но есть и иная жизнь — внутренняя, сокровенная, глубинная...

И вот тут — и есть счастье, которое не удержать внутри, которое изливается любовью, радостью, нежностью вовне из Источника Вечного!

Здесь — только Бог! Здесь — больше нет «отдельной меня»! Здесь — Единение в Любви Божией! Здесь — Жизнь Вечная!

И кажется, что могу уйти *в Неё* в любую минуту, как только Бог призовёт. И это — не страшно, не печально, а радость в этом дивная! И страха вовсе не остаётся, и печалей никаких нет, если из сей *Глубины* — в этот мир, смотреть... Везде, во всём — Бог! Во всём — Мудрость Его и Любовь!

Прежде я читала о таком у старца Зосимы. Умом — понимала, а представить такое не могла.

Смущалась я немного, что теперь о себе подобное помыслить могу... Даже о. Александру исповедовалась, чтобы увериться, что не заблуждаюсь...

Он слушал со слезами счастья в глазах, а после благословил и сказал:

— Не утеряй сего до часа смертного! Ведь не ведаем, когда он настанет, как встретить сие время перехода суждено...

... Ну вот — это и есть главное в жизни моей теперешней.

Очень рада за Дениса! Передавай поздравления мои со свадьбой! Счастлива за него и за его Танечку! Обязательно заеду к ним, когда выберусь к вам в столицу.

Спасибо, что навещаешь Петра Яковлевича. Ему это очень радостно, он писал мне об этом. Для него смерть Вити до сих пор — как кровоточащая рана... И любое ваше внимание ему дорого!

Ну вот и всё! Жду вас всех летом! Обнимаю!

Ваша Зося»

Письмо Дениса Зосе (1919 год):

«Милая Зося!

Не знаю, дойдёт ли моё письмо, доходят ли вообще теперь письма?

Можно сказать, что у меня всё хорошо. По-прежнему работаю в госпитале, и работы не становится меньше.

Вторая страшная война, казалось бы, наконец, закончилась, но им на смену пришла ещё одна...

Никогда не мог даже вообразить, что Россию ждёт такое будущее! Может ли быть что-то ужаснее гражданской войны, когда люди одной страны убивают друг друга потому, что различны их представления о добре и благе для своей родины?

Правда, ты уже не раз говорила мне о том, что разделение людей на религии, на страны — это разделение между различно живущими общностями братьев и сестёр, детей Единого Бога. И всё же, для меня остались весьма ощущаемыми понятия своей страны, своего народа... И вот, теперь вижу, как растёт в людях ненависть, которая охватила умы и вылилась в кровавый террор и братоубийственную резню...

На прошлое моё письмо от тебя не было ответа, видимо, ты его не получила или ответ затерялся в этом хаосе революции.

Поэтому кратко повторю то, что тогда было мной написано.

Думаю, что ты уже знаешь о том, что Сергей погиб. Даже если письма не доходят, ты ведь умеешь знать многое вовсе без писем.

Всё это не укладывается у меня в голове до сих пор... Он пытался остановить толпу матросов, чтобы не допустить расстрела арестованных офицеров флота. Он даже не был знаком с теми, кого пытался спасти. Он был уверен, что сможет остановить происходящее. Ведь его всегда так уважали подчинённые, его словам подчинялись беспрекословно...

Теперь всё стало иначе...

Сергей погиб как герой, но нужен ли был кому-то этот героизм?

Ольга не может до сих пор оправиться от горя... Павлик остался сиротой...

От слепой ненависти к тем, кто «делают революцию», меня удерживает лишь память о Викторе, который, несомненно, — со всей его честностью и любовью к справедливости и свободе — был бы на стороне революционеров...

Единственное, что меня сейчас успокаивает — это то, что я отправил Ольгу, Павлика и мою Таню с детьми во Францию и они там благополучно обосновались.

Очень хотел бы, чтобы ты тоже ехала с ними! Я говорил как раз об этом в прошлом письме.

Вновь прошу, чтобы ты приняла моё предложение! Сейчас я ещё мог бы посодействовать в этом. Думаю, что, вероятнее всего, скоро решусь и уеду в армию к адмиралу Колчаку как врач и тогда уже не смогу тебе помочь с отъездом за границу.

Не знаю, одобрила бы ты мой выбор среди противоборствующих сторон или посоветовала бы не пытаться вмешиваться в противостояние? Но совесть указывает мне мой такой путь... Не смог бы я сейчас спокойно жить с Таней и Олей во Франции и делать научную карьеру как врач!

Вот — всё, что смог написать на бумаге, а сколько хотел бы сказать при встрече!

Знаю, что твои любовь и мудрость смогли бы помочь мне в выборе того, как жить дальше, для чего жить, на что опереться в этом безумном мире...

Храни тебя Бог!

С любовью,

Денис»

Там, где Жизнь Вечная

Зося стала всё более и более ощущать, что живёт с Богом, в Боге — в каждую минуточку жизни!

Это и спасало: ведь в мире последовательно происходило то, что люди потом называли Первой мировой войной, революцией, гражданской войной...

Зося работала в своей больнице уже много лет как главный врач, и в это сложное время сумела сохранить и врачей, и сестёр. И всё, необходимое для лечения, умудрялась иметь. Зосе также удавалось без особых усилий поддерживать внутренний мир в душах сотрудников больницы — с его законами любви и уважения, доброты и взаимопомощи.

Городок уже несколько раз переходил из-под одной власти к другой... Лилась кровь людская, множились муки от ран, от голода, от потери всего имущества и крыши над головой — в безумной битве «за Родину!»...

В больнице же Зося принимала больных и раненых, не разделяя на «белых» и «красных», военных и гражданских... При детском отделении образовался дом-приют для детей-сирот, которых становилось всё больше...

* * *

Инок Всеволод, новый ученик о. Александра, вошёл в скромную келью своего учителя.

О. Александр ныне был главным в сей монашеской обители, в которой теперь осталось всего двенадцать монахов.

Последний настоятель монастыря, архимандрит Илларион, после расправ в Белогорском Свято-Николаевском монастыре, распустил всех монахов. Велел для спасения людей ехать всем по домам, укрыться по родственникам, взять с собой самые ценные иконы, книги церковные, спрятать, чтобы сохранить всё на будущее... Только несколько ближайших учеников о. Александра захотели остаться с ним в обители, чтобы продолжать учиться. И ещё те остались, кому идти было некуда.

Инок Всеволод попал в обитель совсем недавно, гонимый событиями внешней жизни. Но увидел он в том великий Промысел Божий! Никогда прежде он не встречал таких людей, как о. Александр! Мудрость и сила духа этого человека потрясли его! Он понял, что нашёл своего учителя!

※ ※ ※

О. Александр в это утро встретил его как всегда ласково, благословил, сказал:

— Ты сегодня, после уроков в детском приюте, зайди к Софье Фёдоровне в больницу: она тебя ждёт, собирается передать нам что-то.

— Откуда Вы всегда всё это знаете? Будто по телефону с ней поговорили!

— Скоро сам познаешь, что души и без телефона меж собой понимание могут иметь весьма ясное.

— Она, выходит, тоже святая, хоть и в миру живёт? Как такое возможно?

— А ты сам присмотрись со вниманием — и многое тогда заметишь! «Святость» же — слово особое, давай мы без него обходиться пока будем. Ступай теперь! Опаздывать — нехорошо: будет правильным детей учить своим примером во всём!

※ ※ ※

Инок Всеволод закончил уроки со старшими детьми в детском приюте при больнице. Это учительство было своего рода послушанием, которое о. Александр предложил исполнять нескольким хорошо образованным монахам.

Всеволод шёл в кабинет к Зосе. Его сопровождали те дети, очередь которых была сегодня для помощи в больнице. Они радостно показывали Всеволоду дорогу. А ещё они были так счастливы, что увидят сегодня «маму Зосю», как «за глаза» называли Софью Фёдоровну все в приюте.

Дети радостно бросились обнимать Зосю, рассказывали о своих делах, старались прижаться, подержаться за её руки.

У Всеволода было время осмотреться и понаблюдать за всем происходящим, пока девочки и мальчики делились своими радостями и трудностями, рассказывали о подготовке к концерту перед больными, о других новостях.

Софья Фёдоровна была очень красивая, стройная, подтянутая, густые русые волосы собраны в простой причёске. Она ласково улыбалась, спокойно и мягко всё объясняла каждому из детей.

Но было ещё что-то в её облике и во всём пространстве вокруг. Всеволод для себя такое отмечал в о. Александре: словно ореол Божией Любви вокруг тела проявлен был всегда — невидимо для обычного взгляда, но ощутимо для доброй души.

Потом, когда дети отправились со своими простыми поручениями по работе в больнице, радостные и в то же время полные серьёзной ответственности за порученное, — тогда Зося обратилась ко Всеволоду:

— Очень рада познакомиться! О. Александр мне рассказал о Вас. И я ждала Вас сегодня: хотела с Вами вот это передать о. Александру.

… Она протянула толстую рукопись:

— Здесь подробно изложена методика реабилитации больных: всё, что поняла сама о том, как душу и тело можно привести к здоровью и жизни в радости. Думала когда-то диссертацию защитить, да вот — не время ныне…

Пусть сохранны будут эти записи. В них о том говорится, как можно с помощью физических и духовных упражнений помочь выздоровлению. Они преображают и душу, и тело! Здесь всё расписано с примерами конкретных пациентов, все данные исследований в подробностях. Хотелось бы это сохранить для людей...

Ведь без духовной составляющей — выздоровление даже не в два, а в пять-шесть раз медленнее идёт!

Причём те же самые дыхательные и физические упражнения без Света Духа Святого — лишь немножко восстанавливают тела. А если вся полнота человеческой души оживает и действует — то исцеления чудесные происходят!

Современная медицинская наука считает такое невозможным. Но ведь это — ясная и доказуемая реальность! Научить людей, как вновь стать здоровыми даже при очень сложных проблемах с телом, — это возможно!

Многие тут теперь говорят, что это я чудеса исцеления совершаю… Но Бог через меня другому научить бы хотел: как сам человек может в себе пробуждать силы духовные — и тогда и тело исцеляется, и вся жизнь преображается!

А ещё продукты для монастыря возьмите, Всеволод. Вы не стесняйтесь: берите, сколько надо! Это — подводы вчера с фермы нашей прибыли. Мука, молоко, овощи. Всего на всех хватит!

— Спасибо, Вам, Софья Фёдоровна! Как Вы всё умудряетесь устроить! Удивительно! Только неловко как-то — вроде как у больных и у детей отбирать...

— Но ведь вы — учитель в приюте детском! Вот и пропитание за труды законное имеете!

Знаете ли Вы ту историю замечательную, которая благодаря о. Александру очень много лет назад произошла? Помещица одинокая и богатая умирала в нашей больнице, и после беседы с о. Александром, тогда ещё послушником, всё своё имущество больнице завещала. Вот с тех пор в её бывшем поместье ферма работает, которая уже многие годы больницу своими свежими продуктами снабжает. И на деньги, что ею завещаны были, столько всего полезного сделано было! Не перечислить! Это всё мой отец организовал, я — только поддерживаю. И вот у нас тут, в нашей провинции, всё оборудование самое современное всегда покупалось, и врачи прекрасные работают! Вот, выходит, сколько могут правильно и вовремя сказанные слова — жизни многих людей на долгие годы изменить! Сейчас времена — не простые, а ведь — выживаем!

— Да, о. Александр чудеса, в самом деле, творит! Рядом с ним — словно и нет войны, разрухи, гонений! Только — Бог!

— Это же так замечательно, когда рядом — те, кто едины в духовных устремлениях!

А в моей жизни есть много дорогих мне очень хороших людей. Всех их я люблю! Есть те из них, которые рядом, есть те, которые очень далеко. И они все такие разные...

Некоторые из их числа даже не знают друг друга, и я не представляю, что могла бы их когда-нибудь познакомить... Среди них есть те, которые ни за что не захотят даже понять друг друга, а уж обнять, полюбить... Но все они живут в моём сердце, их всех объединяет моя любовь к ним...

Я, кажется, поняла теперь, что именно так мы все соединены, объединены в Божием Сердце, в Божественной Безусловной Любви!

Вот ныне «белые» и «красные», монархисты и революционеры... — они все готовы умереть за свои идеалы и при этом слепы как в своей любви, так и в своей ненависти... Они немного любят и зачем-то ненавидят, якобы — во имя своей любви...

А Бог — любит иначе! Он любит всех, даже отринувших Его атеистов — тоже любит!

Как об этом рассказать? Как научить добру и милосердию? Быть может, тех сердец, которые вмещают в свою любовь всех людей, должно стать на Земле больше — и тогда станут возможны мир и процветание?

— Вот об этом я и говорил с детьми сегодня! Дети легко понимают Вечные Истины! Может быть, они сумеют построить будущее без войн, без ненависти...

* * *

Продолжалась гражданская война...

В больницу, где работала Зося, ворвалась группа пьяных вооружённых бандитов. Они во всю пользовались «свободой» грабить и убивать... Они потребовали «спирту»!

Увидев в больнице белогвардейского офицера в кителе с орденами, накинутом на плечи поверх бинтов, они с криками: «Тут у них контра укрывается!» — начали врываться в палаты и выволакивать в холл тех раненых, кого намеревались расстрелять.

Зося вышла навстречу бандитам.

— Остановитесь! Здесь нет ни «белых», ни «красных», здесь — только врачи и больные!

— Софья Фёдоровна, голубушка, не надо Вам тут... Уйдите! Они могут начать стрелять! — попробовал остановить её один из офицеров.

... Но Зося спокойно шла навстречу направленным на неё винтовкам и пистолетам. Уже не в первый раз она пыталась своим уверенным и спокойным присутствием останавливать нападавших на больницу бандитов...

Но в этот раз нападавшие были ещё и пьяны.

— А врачиха-то — красивая баба, ещё в соку, горячая! Может, её рано в расход пускать, лучше после, когда позабавимся? — расхохотался главарь.

Зося была спокойна и прекрасна. Ни тени страха или гнева не было в ней. Во всём её облике были любовь и уверенность особенная — уверенность не в себе, а в Боге... Спокойная готовность принять смерть своего тела — чтобы попытаться отстоять жизни тех людей, которых лечила и вела к Свету Божиему — в той мере, насколько они были готовы принять...

— Вы не должны здесь стрелять, здесь — больные! Выйдите из здания больницы, тогда я распоряжусь про спирт — и вам вынесут! — сказала Зося главному из банды.

— Ишь ты, «распорядится» она!... Но теперь — наша власть! Всё — сами возьмём! — расхохотался он в ответ.

Для доказательства своих силы и безнаказанности он выстрелил из маузера в одного из больных, вытащенных бандитами из палат. Тот прежде стоял на костылях, прислонившись к стене, а теперь на стене осталось лишь красное пятно крови...

— Не смейте! — Зося пыталась заслонить других раненых своим телом...

Бандиты начали палить без разбору.

Один из офицеров бросился вперёд, чтобы заслонить собой Зосю от пуль — и тут же тоже был убит.

К Зосе подбежал, размахивая руками и закрывая её собой, юнкер, совсем мальчишка:

— Не стреляйте! Что вы делаете?! Она же — святая!

…Из палат, где были «красные», тоже бежали на помощь и рядовые, офицеры и комиссары. Один из них с пистолетом в руке тоже бросился вперёд, чтобы закрыть собой Зосю и остановить нападавших, но было уже поздно…

…Подвиг её земной жизни был завершён…

Жизнь Вечная приняла в Объятия ещё одну Божественную Душу!

* * *

Над рекой на высоком холме похоронили Зосино тело.

Собралось очень много народа.

В монастыре звонил колокол. Его звучание охватывало весь простор…

Благая весть о приходе в Обитель Отца Небесного ещё одной Божественной Души звучала в мирах Света — радостно и торжественно!

Но многие из собравшихся там людей плакали… Для них смерть Зоси казалась трагедией.

Ведь они ещё не знали по-настоящему, что Входящие в Жизнь Вечную испытывают непреходящие Радость Свободы и Блаженство от Единения с Богом!

Для тех, Кто *Там,* с Богом, — нет смертей, но есть ЖИЗНЬ, которая не имеет конца!

А примеры того, как они жили здесь, помогают тем, кто воспоследуют им!

* * *

Инок Всеволод, вернувшись в монастырь, открыл изданную Ольгиными и Зосиными стараниями небольшим тиражом книжку с изречениями старца Зосимы и стал читать:

«Врата Царствия Небесного — открыты!

Но личные усилия по преображению себя — необходимы человеку, устремившемуся к Божественному.

Царствие Божие, о котором Иисус рассказывал людям, — прямо тут сейчас и всегда пребывает! Оно не закрыто, не сокрыто ничем, кроме человеческой самости. Любовь сердечная от сей беды заблуждений есть лекарство действенное!

Не ожидай ничего от других людей!

И не питай надежд, что они будут вести себя так, как тебе бы хотелось — в соответствии с твоими представлениями.

Всё происходит вовремя, всё — справедливо, всё — так, как должно быть! Понявший это — с Богом в сомыслии — уже ни о чём не имеет печали!

Торопливость может мешать делать любую работу хорошо и быстро. Из покойного же состояния души — всё споро получается! И обрести сей покой — благо великое!

Суета ума смолкает в тиши сердца духовного. Ясность различения важного — и преходящего создаёт сему покою основу незыблемую. Присутствие же Божие делает сей покой — Счастьем Великим Соприкосновения с Вечным Источником Жизни!

Не печалиться о временном и суетном — не означает «ничего не делать» в миру. Для того-то мы и живём здесь, чтобы дела сотворять добрые не только на поприще духовном, но и в заботе о ближних своих! И обо всех людях так можно ответственность и попечение принимать! Так и нужно учиться все дела совершать, не отрывая помышление и любовь сердечную от Бога!

Многие мне возразят, что трудно сие достичь… Да только — не так это! Если человек восхочет искренне, то Бог ему помогает во всём! Но хотят сего, в самом-то деле, очень немногие! Вот в этом-то — вся причина! Когда же все устремления души направлены к Богу, то быстрым будет преображение духовное!

Если человек имеет много материальных богатств, то и потерять он может многое. Не связанных желаниями приобретений и страхами потери — не много сыщется. Если же богатства человека — духовные, то их не утратить, иначе как по попустительству ума, который склонен прельщаться малозначимым.

Тот, кто обрёл покой сердечный и любовь к Богу, — тот уже не утрачивает бесценное Сокровище жизни в Духе, а преумножает его день ото дня. И тут-то открываются Врата в Жизнь с Богом в Неразлучности. Сие Сокровище никто и ничто отнять у подвижника не может!

Смерть тела страшит человека, пока для него это — «конец», пока не познано им то, что душа — вечна, и Жизнь Истинная — открытой для достойной того души может стать! Да только для познания сего — усилия нужны при бытии ещё в теле земном!

Когда жизнь Духом над немощами и страхами преобладать станет, то раскроет Бог перед подвижником таинства прекрасные и радость подарит, которая уже не убывает, которая — не от мира сего.

Мир Духа — тих и светел. Лишь вошедший — ещё при жизни в теле — в сие Сияющее Царствие понимает, как временно и малозначимо всё, кроме той Обители Вечной, в которой — Любовь Бескрайняя!

В себе эту Любовь взрастить может душа — и тогда открывается пред ней мир Света Божественного, и Солнце Любви Божией восходит в душе!

Вся жизнь может быть так наполнена Богом, словно ничего нет, кроме Него! И это ведь — Реальность! Это — для каждой души так! Но почти все души ещё не пробудились для сих Ясности и Любви Божественной, не зрят они сие, не ощущают, не внемлют!

Великое счастие видеть Бога во всём и *за всем!*

Ведь нет места, где бы не было Бога!

Кажется взгляду поверхностному, будто существует пустота: только воздух невидимый. А вот тут — тело твоё, другие тела, предметы всякие, растения, животные, вода, земля… Но всё это создало и продолжает создавать в сей миг — Божие Присутствие!

Всему Первопричина — Он!

И счастие безграничное — увидеть, познать, соединиться с этими Любовью Бескрайней, Силой Величайшей и Знанием Всеохватным! Тогда уже не будет печалей и страданий, и самой смерти не будет!

Ибо везде, во всём — Он!

Божественная Жизнь не имеет конца!

Вход в сей Мир — в сердце духовном твоём, человек!»

Рекомендуемая литература

1. Антонов В.В. — Бог говорит. Учебник религии. «Полюс», СПб, 2002.
2. Антонов В.В. (ред.) — Духовное сердце: Путь к Творцу (стихи-медитации и Откровения). «New Atlanteans», 2007.
3. Антонов В.В. — Как познаётся Бог. Автобиография учёного, изучавшего Бога. «New Atlanteans», 2008.
4. Антонов В.В. (ред.) — Как познаётся Бог. Книга 2. Автобиографии учеников Бога. «New Atlanteans», 2008.
5. Антонов В.В. (ред.) — Духовная работа с детьми. «New Atlanteans», 2008.
6. Антонов В.В. (ред.) — Классика духовной философии и современность. «New Atlanteans», 2008.
7. Антонов В.В. — Экопсихология. «New Atlanteans», 2008.
8. Антонов В.В. — Духовное сердце — Религия Единства. «New Atlanteans», 2008.
9. Антонов В.В. — Бхагавад-Гита с комментариями. «New Atlanteans», 2008.
10. Антонов В.В. — Дао-Дэ-Цзин. «New Atlanteans», 2008.
11. Антонов В.В. — Лесные лекции о Высшей Йоге. «New Atlanteans», 2008.

12. Антонов В.В. — Учение Иисуса Христа о нашем смысле жизни и как его реализовать. «New Atlanteans», 2013.
13. Антонов В.В. — Анатомия Бога. «New Atlanteans», 2014.
14. Антонов В.В. — Жизнь для Бога. «New Atlanteans», 2014.
15. Антонов В.В. — «Пузыри восприятия». «New Atlanteans», 2014.
16. Антонов В.В. — Понять Бога. «New Atlanteans», 2014.
17. Антонов В.В., Зубкова А.Б. — Даосизм. «New Atlanteans», 2013.
18. Антонов В.В., Зубкова А.Б. — Апостол Филипп. Ищущим Истину. «New Atlanteans», 2018.
19. Зубкова А.Б. — Сказка о царевне Несмеяне и Иване. «New Atlanteans», 2007.
20. Зубкова А.Б. — Добрыня — Былины. «New Atlanteans», 2008.
21. Зубкова А.Б. — Диалоги с Пифагором. «New Atlanteans», 2008.
22. Зубкова А.Б. — Божественные Притчи. «New Atlanteans», 2008.
23. Зубкова А.Б. — Книга Родившихся в Свете. Откровения Божественных Атлантов. «New Atlanteans», 2008.
24. Зубкова А.Б. — Притчи Лао-Цзы. «New Atlanteans», 2011.
25. Зубкова А.Б. — Притчи о старце Зосиме. «New Atlanteans», 2013.

26. Зубкова А.Б. — Божественные сказы земель славянских. «New Atlanteans», 2013.
27. Зубкова А.Б. — Сказание о князе Дмитрии и Волхве. «New Atlanteans», 2013.
28. Зубкова А.Б. — Суфийские притчи. «New Atlanteans», 2014.
29. Зубкова А.Б. — Уроки Пифагора. «New Atlanteans», 2015.
30. Зубкова А.Б. — Добрые сказки. «New Atlanteans», 2016.
31. Зубкова А.Б. — Сага Óдина. «New Atlanteans», 2016.
32. Зубкова А.Б. — Сказание о Раде и о Алексее. «New Atlanteans», 2016.
33. Зубкова А.Б. — Евангелие от Марфы. «New Atlanteans», 2019.
34. Катерина О. — Мастер. «New Atlanteans», 2020.
35. Татьяна М. — Изнанка мира материи. «New Atlanteans», 2012.
36. Тёплый А.В. (сост.) — Книга Воина Духа. «New Atlanteans», 2008.

Видеофильмы

1. Погружение в гармонию природы. Путь в рай. (Слайд-шоу). 90 минут (на CD или DVD),
2. Духовное сердце. 70 минут.
3. Саттва (Гармония, Чистота). 60 минут.
4. Саттва туманов. 75 минут.
5. Саттва весны. 90 минут.
6. Искусство быть счастливыми. 42 минуты (HD-video).

7. Практическая экопсихология. 60 минут (HD-video).
8. Ключи к тайнам бытия. Обретение Бессмертия. 38 минут (HD-video).

Фильмы, аудиокниги, песни можно найти на сайте:
www.ru.spiritual-art.info

Заказать книги и фильмы можно с сайтов:
www.lulu.com/shop
www.ru.spiritual-art.info
www.spiritual-books.ru

С другими материалами можно познакомиться, в том числе, на сайтах:
www.new-ecopsychology.org
www.swami-center.org
www.ru.encyclopedia-of-religion.org

Ecopsychology

Swami-Center

Spiritual Art

*Дизайн —
Екатерины Смирновой.*

Рекомендуем к прочтению:

Притчи о старце Зосиме

Автор: Анна Зубкова.

В этом сборнике собраны автобиографические притчи одного из Божественных Учителей, известного также под именем Нгомо. В них рассказано о том лучшем, что имело место в среде российского христианского монастырского монашества.

Собранные в сборнике материалы можно рассматривать в качестве одного из учебников духовной жизни — для всех, кто стремятся стать лучше пред Лицом Бога.

«New Atlanteans», 2013, 140 стр.
ISBN 978-1-927115-51-0

Учение Иисуса Христа

Автор: Владимир Антонов.

Сборник составлен по материалам книги Владимира Антонова «Классика духовной философии и современность», также включены стихи-Откровения, записанные Анной Зубковой.

Книга адресуется всем, стремящимся к Совершенству.

«New Atlanteans», 2014, 254 стр.
ISBN 978-1-927978-07-8

Апостол Филипп. Ищущим Истину

Автор: Анна Зубкова.
Редактор и автор комментариев: Владимир Антонов.

В этот сборник вошли два произведения Апостола Филиппа.

Первое из них — компетентный перевод Евангелия, написанного Филиппом около двух тысячелетий назад. Перевод Евангелия сопровождается подробными разъяснениями и комментариями Владимира Антонова.

А второе — современное Послание Филиппа, записанное в форме повести-притчи через Анну Зубкову. Здесь вы также сможете найти ответы на важнейшие вопросы духовного содержания.

Книга адресована всем, стремящимся к духовному Совершенству.

«New Atlanteans», 2018, 151 стр.
ISBN 978-1-927978-40-5

Евангелие от Марфы

Автор: Анна Зубкова.
Это Евангелие рассказано Марфой — одной из тех Учеников Иисуса Христа, Кто достигли Божественности.

«New Atlanteans», 2019, 128 стр.
ISBN 978-1-927978-54-2

www.ingramcontent.com/pod-product-compliance
Lightning Source LLC
Chambersburg PA
CBHW051634230426
43669CB00013B/2292